Heinz Zimmermann

Grammatik
Spiel von Bewegung und Form

Heinz Zimmermann

GRAMMATIK
Spiel von Bewegung und Form

VERLAG AM GOETHEANUM

3. Auflage 2021

Einbandgestaltung von Wolfram Schildt

Druck: Buchproduktion Thomas Ebertin, Stockach
ISBN 978-3-7235-1658-4

Inhalt

Vorwort

Die Grammatica eröffnete in der klassischen Bildung des Mittelalters den Reigen der «Sieben freien Künste» (Septem artes liberales). In der bildenden Kunst wurde sie meist als füllige Dame mit der Rute in der Hand dargestellt, den Zöglingen die schmale Türe zur Weisheit weisend.

Damals gehörte zur Grammatik alles, was den rechten Gebrauch der Sprache betrifft, also neben der Grammatik im engeren Sinn auch Lautlehre, Ausspracheregeln und die Elemente der Metrik.

Heute gehört die Grammatik zum Bereich der Linguistik, die als Universitätswissenschaft grundsätzlich von der Literaturwissenschaft getrennt ist. An vielen Hochschulen kann man das eine ohne das andere studieren. Das ist ein Symptom dafür, daß die Grammatik den Bezug zum ganzen Sprachleben, besonders zur Sprachkunst, zu verlieren droht.

Das gleiche Symptom finden wir in ihrer Stellung an den Schulen. Auch im Bewußtsein der Schüler und Schülerinnen, der Lehrerinnen und Lehrer gehört sie zu den notwendigen Übeln, die man über sich ergehen lassen muß, bevor man zur interessanteren Lektüre übergehen kann.

Oft herrscht das schulmeisterliche Empfinden vor, daß die ganze Sprache nichts als eine riesige Beispielsammlung für grammatikalische Regeln darstellt, statt der Überzeugung, die Grammatik sei lediglich die Beschreibung gewisser Gesetzmäßigkeiten der Sprache, die wir im lebendigen Sprachgebrauch unbewußt dauernd praktizieren.

Die vorliegende Studie möchte die grammatikalischen Phänomene im Anschluß an das Ganze der Sprache und an den Menschen, der sie als

Ausdrucksmittel braucht, durch eine sachgerechte Methode beschreiben, welche der Leser im letzten Kapitel näher dargestellt findet.[1]

Die Anregung zu einer ganzheitlichen Betrachtung der Grammatik verdanke ich vor allem meinem kürzlich verstorbenen Universitätslehrer Heinz Rupp. Ferner fühle ich mich folgenden Darstellungen zum Thema innerlich verbunden: Wilhelm Schneider, «Stilistische deutsche Grammatik»[2]; Bruno Snell, «Der Aufbau der Sprache»[3]; Hans Glinz, «Der deutsche Satz»[4]; Erika Essen, «Methodik des Deutschunterrichts»[5]; Erika Dühnfort, «Der Sprachbau als Kunstwerk»[6]. Eine Auswahl weiterer Werke findet sich im Literaturverzeichnis.

Die methodische Grundlage, vor allem was den Bezug zum Denken betrifft, wurde entscheidend geprägt durch das Studium der Schriften Rudolf Steiners, namentlich «Grundlinien einer Erkenntnistheorie der Goetheschen Weltanschauung» und «Die Philosophie der Freiheit»[7].

Ich bemühte mich darum, eine für jeden interessierten Leser voraussetzungslose Darstellung zu geben, die lediglich ein aktives Mitdenken erfordert.

Schließlich möchte ich erwähnen, daß die vielen gemeinsamen Kurse mit Dorothee von Winterfeldt sowie Alain Denjean im Rahmen der Lehrerfortbildung der deutschen Waldorfschulen die Arbeit wesentlich befruchteten.

November 1996

---

[1] In verschiedenen früheren Aufsätzen habe ich das Thema der ersten drei Kapitel schon dargestellt: Heinz Zimmermann, Vom Laut zum Begriff, in: Die Menschenschule, 50. Jahrg., Heft 10, 1976; ders., Zur Erneuerung des Grammatikunterrichts, in: Erziehungskunst 44, 1980; ders., Vom Ausruf zum Begriff. Anregungen zu einem sprecherbezogenen Grammatikunterricht, in: Standard und Dialekt, Festschrift für Heinz Rupp, Bern 1979.

[2] Wilhelm Schneider, Stilistische deutsche Grammatik, Freiburg [4]1967.

[3] Bruno Snell, Der Aufbau der Sprache, Hamburg 1952.

[4] Hans Glinz, Der deutsche Satz. Wortarten und Satzglieder wissenschaftlich gefaßt und dichterisch gedeutet, Düsseldorf [4]1970.

[5] Erika Essen, Methodik des Deutschunterrichts, Heidelberg [10]1980.

[6] Erika Dühnfort, Der Sprachbau als Kunstwerk: Grammatik im Rahmen der Waldorfpädagogik, Stuttgart [3]1997.

[7] Rudolf Steiner, Grundlinien einer Erkenntnistheorie der Goetheschen Weltanschauung, GA (Gesamtausgabe) 2, Dornach [7]1979; ders., Die Philosophie der Freiheit, GA 4, Dornach [16]1995.

I. Vom Laut zum Begriff

Versetzen wir uns einmal als ungesehene Beobachter an den Frühstückstisch einer kinderreichen Familie, auf dem als Geburtstagsüberraschung ein Topf Honig steht: *Mm! Oh! Schau an! Herrlich! Das mundet! Das schmeckt, dieser Honig! Prima! Wie das schmeckt! Das ist ja echter Waldhonig. Ja, dieser Honig ist wirklich ausgezeichnet.*

So oder ähnlich wird es tönen – der Leser mag das Spektrum an Äußerungen selbst noch ergänzen. Wir lassen uns damit in den sprachlichen Alltag führen, wo sich Sprache spontan verwirklicht. Versuchen wir, in dem Gewimmel der Äußerungen etwas Ordnung zu gewinnen, so können wir – es ist durch die Satzzeichen schon deutlich gemacht – Ausrufartiges und Feststellungsartiges unterscheiden. Greifen wir *Mm* als Ausruf und *Ja, dieser Honig ist wirklich ausgezeichnet* als Feststellung heraus. Der Laut *Mm* läßt uns im Hören einen Genuß miterleben, ohne daß wir zu wissen brauchen, was da genossen wird. Gerade das wird dagegen in dem Feststellungssatz *Ja, dieser Honig ist wirklich ausgezeichnet* formuliert, doch hier erleben wir dafür den Genuß selber nicht mehr mit. Auch ein Fremdsprachiger könnte in dem *Mm* den Gefühlsausdruck wahrnehmen, selbst wenn er im Nebenraum säße und den Honigtopf gar nicht sähe. Die zweite Aussage könnte ihm dagegen wenig vermitteln; uns, die wir die Sprache verstehen, teilt sie aber einen Sachverhalt mit, der auch ganz unabhängig von dem Genuß des Sprechers seine Geltung hat. Im ersten Fall erkennen wir als vorherrschendes sprachliches Mittel die hör- und erlebbare Lautqualität, im zweiten stehen die Sprachlaute ganz im Dienste begrifflicher und grammatikalischer Strukturen. Entsprechend polar ist auch das Verhältnis, das die Sprecher zu ihrer Rede einnehmen: Während *Mm* lautgewordener Gefühlsausdruck ist, sich der Sprecher mit dem Ausgesagten ganz eins empfindet, zerfällt beim zweiten Sprecher diese Einheit, er distanziert sich vom Ausgesagten, die sprachliche Formulierung trennt sich vom bezeichneten Sachverhalt.

Wir lernen an dieser Alltagssituation den Weg kennen, den wir tagtäglich gehen, den Weg vom Erleben zum Begreifen, den Weg von der Einheit mit der Welt zur Distanz zu ihr und zum Bewußtsein von uns selber. Wir können uns die angeführten Äußerungen auf verschiedene Familienmitglieder verteilt denken und dann wohl in den Ausrufen die spontaneren Kinderstimmen, in den Feststellungen eher die Erwachsenen hören. Es ist aber auch möglich, alle Reden einem einzigen Sprecher zuzuordnen, der mit seinen Formulierungen zeigt, wie er die ursprüngliche Empfindung durch den Gedanken bewältigt und objektiviert.

Nehmen wir an, das ganze Sprachgeschehen erschöpfte sich in bloßen Ausrufen: Wir erführen ein spontanes, wirklichkeitsgesättigtes Leben, das sich ungeordnet ganz im gegenwärtigen Wahrnehmungsempfinden entfaltete. Denken wir uns dagegen nur Sprachäußerungen mit Feststellungscharakter, so fänden wir uns in einer unpersönlichen Welt mit festumrissenen Formen, in der die ursprünglichen Wahrnehmungen in gleichsam gefrorenem Zustand aufbewahrt werden könnten. Diese Polarität wollen wir an weiteren Beispielen klären und vertiefen.

An einem Bergsee sitzend, hören wir eine sich zum Baden anschikkende Schülergruppe etwa folgendermaßen: *Hu! / Das ist aber kalt, das Wasser! / Kalt! / Diese Kälte! / Wie kalt! / Brr! / Dieses Wasser ist aber kalt! / Dieses Wasser hat sicher nicht mehr als fünfzehn Grad. / Ja, (das ist) kaum fünfzehngrädiges Wasser.*

Wir suchen uns zuerst die reinen Ausrufe heraus: *Hu! Brr! Diese Kälte! Wie kalt!* und stellen sie den Aussagen: *Dieses Wasser ist aber kalt* und *Ja, (das ist) kaum fünfzehngrädiges Wasser* gegenüber. Die erste Gruppe wirkt vornehmlich durch die Qualität der Stimme und der Laute, die zweite durch den begrifflichen und grammatikalischen Zusammenhang. Von daher können wir die erste Gruppe noch weiter unterteilen in reine Lautäußerungen *(Hu! Brr!)* und Ausrufe, die bereits grammatikalische Strukturen zeigen (verschiedene Wortkategorien): *Diese Kälte! Wie kalt!* Bei der Äußerung *kalt* wird besonders deutlich, wie stark situations- und tonfallgebunden die Rede ist. Auch der Ausdruck *Wie kalt* kann theoretisch als Frage oder als Ausruf verstanden werden, wenn man ihn nicht hört. Die Sätze *Das ist aber kalt, das Wasser* und *Dieses Wasser ist aber kalt* sind zwar wie jede Rede nur aus einem Gesprächszusammenhang zu begreifen, jedoch können sie auch isoliert viel zuverlässiger gedeutet werden als bloße Ausrufe. Die erste Rede beginnt mit einem allgemeinen Zeigeausdruck *(das)* und verknüpft ihn mit einer Eigenschaftsbezeichnung *(kalt),* Ursache einer starken Empfindung. Erst jetzt, das heißt am Ende der Rede, wird die Sache benannt, an der diese Empfindung wahrgenommen wurde *(Wasser).* Umgekehrt bei der zweiten Rede. Hier erscheint der Gegenstand der Empfindung und Eigenschaft, *das Wasser,* am Anfang, vor der Eigenschaftsbezeichnung.

So können wir am ersten Beispiel den Weg vom Erleben zum Begreifen an der Sprache selber ablesen, indem das Aussagethema erst am Ende formuliert wird. Der zweite Sprecher geht von Anfang an von einer größeren Distanz vom Empfinden aus, er hat sein Erlebnis bereits objektiviert. Daß beide Aussagen den Charakter der spontanen Rede besitzen, verrät uns die spezielle Verwendung des Wörtleins *aber,* dessen logische Funktion Gefühlswerten Platz gemacht hat.

Gefühle, starke Eindrücke, seelische Erregung teilen sich durch Laut und Ton am reinsten mit. Je mehr der Sprecher von seinem Erlebnis Abstand nimmt, um so mehr werden logische und grammatikalische Strukturen seine Formulierung bestimmen. Die Laute, die im Ausruf ihre Eigenwerte offenbaren, werden nurmehr zu Zeichen, die Gemeintes konventionell bedeuten, indem sie Grammatikstrukturen und Bedeutungsinhalte sinnlich repräsentieren. *Mm!* als Ausruf besitzt eine erlebbare Qualität, in dem Satz *Das schmeckt* tritt diese ganz in den Hintergrund, der Laut bekommt Zeichenfunktion. Dem Gewinn an Abstraktion und Objektivität steht ein Verlust an spontaner, erlebbarer Wirklichkeit gegenüber.

Verfolgen wir die Aussagequalität von fünf hypothetischen Sprechern, die sich zu einem prächtigen Sonnenuntergang äußern:

A: *Oh!*
B: *Wunderbar!*
C: *Diese Farben!*
D: *Das ist wunderbar.*
E: *Solche Natureindrücke können einen schon begeistern.*

Man kann daran den Bewußtseinsweg von der Wahrnehmung zur Reflexion ablesen.

Ein Ausruf kann wie in unseren Beispielen reiner Gefühlsausdruck sein. Die spontane seelische Resonanz einer Wahrnehmung kann aber auch mehr willensartiger Natur sein, wobei die Übergänge ganz fließend sind. Der Sprecher zielt dann mit seiner Rede auf eine wahrnehmbare Wirkung beim Hörer. Ausrufe wie *Pst! Hopp! Sitz! Weg! Abrakadabra!* sind Willenskundgebungen, die sich in Laut und Ton manifestieren. Sie wirken Handlung fordernd auf den Hörer. Sie wollen diesen unmittelbar, das heißt, ohne daß er überlegt, zu einem Tun veranlassen. Im Idealfall, nämlich dann, wenn der Angesprochene die verlangte Handlung ausführt, kann sie festgestellt werden und schließlich sich zur Vorstellung verdichten:

Willensäußerung	Feststellung	Vorstellung
Sitz!	*Der Hund sitzt.*	*Der sitzende Hund.*

Die Aktion kommt dann zur Ruhe, wenn sie entsprechende Vorstellung wird. Im Übergang vom Willenskeim zum Zielvorstellungsbild spielt sich die Handlung des Partners ab. Wenn wir die gewonnenen Sprachformen mit den früheren vergleichen, dann stoßen wir in den ersten beiden Formen auf Bekanntes: *Sitz!* entspricht *Mm!, Brr! Der Hund sitzt* hat die gleiche Qualität wie: *Dieses Wasser hat sicher nicht mehr als fünfzehn Grad.* Im ersten Fall handelt es sich um ein spontanes, unreflektiertes Lautgebilde, im zweiten um eine distanzierte Formulierung. Es hat sich aber zudem eine Sprachform ergeben, die noch verdichteter, noch kristalliner ist: *Der sitzende Hund.* Leicht können wir auch aus unseren früheren Beispielen solche Formen gewinnen: *Dieser Honig ist wirklich ausgezeichnet – wirklich ausgezeichneter Honig.*

Im Vergleich der Feststellungs- mit den Vorstellungsformen kann man empfinden, wie die Sprache kompakt wird, wie sich die Form aus dem Redefluß heraushebt, sich isoliert, sie steht gewissermaßen an einem Endpunkt des sprachlichen Geschehens, die Sprachzeichen dienen hier dazu, den vereinzelten Begriff zu fassen, die Feststellung wird zur Vorstellung abstrahiert und löst sich vollends vom Wollen und Empfinden des Sprechers. Diesem Sprachpol gegenüber steht das unmittelbare Lautwerden seelischer Aktionen (Gefühl, Wille). *Pst* sagt durch die Betonung das Engagement des Sprechers aus, durch die Lautqualität nehmen wir die Form dieses Engagements wahr, hier also Ruheforderung. Im *Hu* empfinden wir das Zusammenziehende der Kälte, im *Brr* wohl mehr das Zittern. Wir können uns kaum vorstellen, daß wir den Honiggenuß mit *Brr* und unsere Kälteempfindung mit *Mm* zum Ausdruck bringen, nicht weil es unüblich ist, sondern weil die Lautqualität der entsprechenden Empfindung nicht adäquat wäre.

Versuchen wir die Lautbewegung *Brr!* möglichst lebhaft nachzuempfinden, dann kann sich uns eine Zitterbewegung ergeben, beim *Pst!* drängt es uns vielleicht, den Finger vor den Mund zu halten, beim *Weg!* machen wir eine Zeigebewegung, die ihrerseits die zurückgenommene Bewegung ist, den andern handgreiflich wegzudrängen. Dies führt uns dazu, Sprache als einen Bewegungsvorgang zu begreifen, als verinnerlichte Gebärden. Wir können hier erleben, wie Sprache aus einem gleichsam vorsprachlichen Bewegungselement hervorquillt und sich verinnerlicht. Bewegung und Gebärde stehen keimhaft am Anfang des Sprachstromes.

Was steht an seinem Ende? Wo sich der begriffliche Inhalt vom Lautempfinden loslöst, wo Sprache nur noch Zeichen für Gedanken ist, da erkennen wir den anderen Pol: Keimhafter Bewegung steht geprägte Form gegenüber. Ich kann genau definieren, was fünfzehngrädiges Wasser ist, ich kann es mir auch genau vorstellen; eine Begriffsbestimmung von *Brr!* ist unsinnig, ich muß es im Einzelfall als einen sprachgewordenen seelischen Bewegungsvorgang wahrnehmen. Die schriftliche Fixierung eines Ausrufs hat nur den Sinn, Tönendes so zu konservieren, daß es als Erinnerungsmarke im entsprechenden Ton wieder vorgestellt werden kann. Der Vorstellungsinhalt *fünfzehngrädiges Wasser* ist durch die schriftliche Fixierung viel exakter reproduzierbar. Man braucht zum rechten Verständnis von einem ursprünglich gesprochenen Tonfall nichts zu wissen, ja, man empfindet diesen gar nicht als zum Wesen des Bezeichneten zugehörig. Ersetze ich den Ausdruck durch die Formel H_2O *15°*, so ändere ich nichts Wesentliches. Ob ich *Europäische Union* oder *EU* schreibe, ist nur eine Frage der Ökonomie. Formeln, Verkehrszeichen und logische Kalküls weisen auf eine Grenze hin, wo Sprache aufhört Sprache zu sein, so wie reine Bewegung an der Grenze steht, wo Sprache erst Sprache wird.

Da wir im Zeitalter der Informationsspeicherung, und Ja-Nein-Entscheidungen schon von Kind auf eine Sprache lernen, die ganz von der Schrift her beeinflußt ist, sind wir leicht versucht, den Anfangspol in seiner Bedeutung zu verkennen. Das Ertönen der Sprachlaute, der Zusammenhang der Rede mit der Seele des Sprechers, ist das bloß zufällig und unwesentlich? Gehört nicht sogar diese Seite einer ursprünglicheren Sprachwirklichkeit an als Begriffs- und Grammatikstrukturen? Gewiß wirken beide Elemente untrennbar zusammen. Aber vergessen wir nicht, daß der weitaus größte Teil der Menschheitsentwicklung sich in einer weitgehend schriftlosen Sprache vollzogen hat und daß eine so durchgängige Lese- und Schreibkultur, wie wir sie heute besitzen, erst ein Produkt der neuesten Entwicklung ist. Daß uns dabei das Gefühl für die Qualität des gesprochenen Wortes, für die Werte von Rhythmus und Laut abhanden zu kommen droht, ist nur eine natürliche Folge. Wir dürfen jedenfalls den charakterisierten Weg vom Ausruf zum Begriff, von der Bewegungsäußerung zur Formprägung auch als einen Weg vom Mündlichen zum Schriftlichen erkennen.

Zwischen der laut- und begriffsbezogenen Sprache wollen wir nun den Weg zu den grammatikalischen Formen suchen.

II. Die Urgestalt des Satzes

1. Spracherwerb aus Rhythmus, Laut und Melodie

Mama tönt es aus dem Kinderbettchen, ob es nun in Deutschland, Frankreich, Rußland oder England steht. Es kann vieles heißen: *Du bist lieb! Ich möchte trinken. Kommt Mutter? Da ist Mutter. Komm!* Es kann Frage sein, Ausruf, Wunsch oder Mitteilung. Es kann auch – und das ist es sicher am Anfang – einfach Spiel mit den Lauten sein. Ursprüngliche Lebensäußerung in Lauten bildet den Keim, der sich zur ganzen späteren Sprachvielfalt und Sprachpracht entfalten wird.

Mit dem Konsonanten *M* schmiegt es sich an die Welt, wie sich die weichen Lippen an die Mutterbrust schmiegen und im *M* die Milch saugen. Mit dem Vokal *A* öffnet die Seele sich am meisten der Welt, das Atmen und Schreien verwandelt sich in die erste Äußerung des Erstaunens. Der Vokal strömt und offenbart klingend die Seele, der Konsonant formt und zeichnet die Welt. *Ma* – eine Ursilbe, aus der auch unser Wort *Mensch* entstanden ist – sie wird gebildet, noch längst bevor das Kind im eigentlichen Sinne sprechen kann. Und diese Ursilbe tritt in der Verdoppelung auf, sie wird wiederholt, rhythmisiert und in der entsprechenden Sprachmelodie zum Ausdruck des Willens *(Ich will zur Mutter, essen!)*, des Fragens *(Ist es Mutter?)* oder des Zeigens *(Da ist Mutter!)*. Im ersten Fall macht sich das Kind selber geltend, im zweiten sucht es die Beziehung, das Gespräch mit dem Du und im dritten bildet es die Welt nach und benennt sie. Auch in der Mitteilung und der Frage lebt noch stark der Ruf – das Kind ist vornehmlich Willenswesen.

Es kommt nicht so sehr darauf an, ob im Einzelfall wirklich *Mama* das erste Sprachgebilde ist oder ob es *baba*, *dädä* oder *namnam* ist: Entscheidend ist, daß der Mensch die Sprache aus dem künstlerischen Element erwirbt, den Lauten in ihrer Vokal-Konsonanten-Polarität, dem Rhythmus und der Melodie. Sie sind die Keime der menschlichen Sprache. Und schon in diesen Keimen erkennen wir das Grundprinzip: Zusammenwirken von Polaritäten in Bewegung und Form, Zusammenwirken von Vokal und Konsonant, von betonter und unbetonter Silbe, von steigender und fallender Sprachmelodie.

2. Laut, Wort, Satz

Um die weitere Entwicklung vom *Laut* zum *Wort* und vom *Wort* zum *Satz* zu verfolgen, wenden wir uns den aus dem letzten Kapitel bekannten Situationen zu:
1. Reaktion der Kinder auf einen herrlichen Topf Honig.
2. Äußerungen nach dem Berühren mit eiskaltem Wasser.

	I	II	III
1.	*Mm! Ah!, Oh!*	*Herrlich! Prima! Honig!*	*Der Honig mundet.* *Der Honig schmeckt herrlich.* *Es ist echter Waldhonig.*
2.	*Brr! Huh!*	*Kalt! Eisig! Diese Kälte!*	*Das Wasser kühlt.* *Das Wasser ist eisig.* *Das Wasser hat nur 15 Grad.*

Die erste Gruppe, so können wir leicht erkennen, enthält Sprachäußerungen, in denen der seelische Ausdruck unmittelbar an den Laut gebunden ist. Zugleich mit den Empfindungen sprechen sich die Laute aus. In der zweiten Gruppe ist zwar der Ton ebenfalls maßgeblich – die Ausrufungszeichen sollen dies andeuten –, die Laute jedoch treten in den Dienst eines umfassenderen Prinzips, sie bekommen Zeichenfunktion, be-deuten etwas, das nur versteht, wer diese bestimmte Einzelsprache kennt und weiß, was ein Wort heißt. Von der Lautebene sind wir zur Wortebene geschritten. Ich verbinde die Laute nicht mehr unmittelbar mit meinem Gefühlsausdruck, sondern be-nenne und bezeichne mit ihnen ein Stück Welt, zu dem ich meine subjektive Beziehung (Ausruf, Schmerz, Mitteilung und so weiter) durch den Ton ausdrücke.

Einen weiteren wesentlichen Entwicklungsschritt können wir im Übergang von der zweiten zur dritten Gruppe erkennen. Was geschieht? Auf den ersten zwei Stufen spreche ich mich aus, spreche aus, was mich durch die Welt bewegt, oder aber ich nenne dasjenige, was auf mich Eindruck macht: *Herrlich! Honig! Kalt! Das Wasser!* – Das sind Blitzlichter, die gegenwärtig in mir sprachlich aufleuchten, indem ich mich wechselweise mit der Welt identifiziere (Nennen – Zeigen) oder mich selber als Welt wahrnehme (Gefühls- und Willensausdruck).

Spreche ich aus: *Der Honig mundet, Das Wasser kühlt,* so mache ich eine Aussage *über* etwas. Die Welt zerfällt in eine Zweiheit und wird sprachlich zur höheren Einheit verbunden.

Der Honig / mundet.
Das Wasser / kühlt.

Durch die Wahrnehmung zerfällt die Welt in eine zusammenhangslose Vielheit, die Wahrnehmung ist augenblickhafte Gegenwart, Identifikation mit der Welt. Indem ich mich selber von ihr distanziere, erwächst die Möglichkeit zum Erkennen. Auf der Stufe des Lautes und des Wortes kann ich nur zeigen und erleben, was mir die Gegenwart bringt. Auf der Stufe des Satzes ist mir ein Modell geschenkt, an dem ich die Gegenwart als Vorstellung begreifen und mit dem mich Bewegenden zu einer höheren Ganzheit verbinden kann.

Als grammatikalische Begriffe merken wir uns: Aussagethema (Vorstellung, Ding, Person) heißt *Subjekt*[8], die Aussage selber (Handlung, Geschehen, Zustand) heißt *Prädikat.*

---

[8] Ich verwende grundsätzlich die konventionellen lateinischen Bezeichnungen. Inwiefern diese inhaltlich gegenüber der üblichen Verwendung modifiziert werden müssen, geht aus dem Zusammenhang hervor.

3. Der Satz zwischen Bewegung und Begriff

Um uns das Wesen des Satzes zu verdeutlichen, wollen wir unsere Reihe noch weiter zum Formpol fortsetzen:

Der Honig mundet herrlich. – Der herrlich mundende Honig
Das Wasser kühlt. – Das kühlende Wasser

Beides sind äußerlich betrachtet Wortgruppen. Wir könnten uns aber unmöglich eine Unterhaltung mit Wortgruppen der zweiten Art vorstellen, weil das, was vorher Aussage über etwas war, sich zu einer neuen Eingliedrigkeit verdichtet hat. Das Aussageglied des vorigen Satzes *(mundet herrlich, kühlt)* tritt nur noch charakterisierend in den Dienst des vorigen Zeigegliedes *(Honig, Wasser)* und verliert so seine selbständige Wirksamkeit. Vergleichen wir nun die Eingliedrigkeit des Satzvorläufers mit derjenigen des Satznachfolgers, also das sprachliche Gebilde, das noch nicht Satz ist, mit demjenigen, das nicht mehr Satz ist:

Prima! Honig!	*(Es ist) herrlich mundender Honig*
Kalt! Brr!	*(Es ist) das kühlende Wasser*

Die erste Form ist Ausdruck unserer Identifikation mit dem Weltgeschehen, sprachliche Reaktion auf den Wahrnehmungsvorgang, die zweite Ausdruck der Distanz, des Begriffen-Habens, des Festhaltens und Ordnens. Ausruf auf der einen, Begriff auf der anderen Seite.

Die Mitte zwischen diesen beiden bildet der Satz. Im Ausruf setze ich mich mit dem mich Bewegenden auseinander. Kann ich mich dagegen behaupten, kann ich die Bewegung begreifen, wird erst der Satz geboren. Er ist in seiner Verbindung der beiden Pole die Voraussetzung dafür, daß das Denken in die Sprache einschlägt. Damit ist nicht gesagt, daß jeder Satz Ausdruck des Gedankens sei, sondern nur, daß er es sein könne.

Man spricht oft von Einwortsätzen und meint damit solche Gebilde wie die als Vorstufe bezeichneten Ausrufe. Das ist insofern berechtigt, als es sich um Formen handelt, die eine Aussageganzheit bilden. So lassen sich Interjektionen (Ausrufewörter) nicht in das übliche Ordnungsprinzip des Satzes einfügen; sie behaupten damit ihre Selbständigkeit, vielfach stehen sie vor einem Aussagesatz: *Prima! Der Honig schmeckt herrlich!*

Aber gerade diese Stellung zeigt, daß die Interjektionen, worunter ich in diesem Zusammenhang auch die Imperative *(Schau! Geh weg!)* rechne, Satzkeime sind, wie es das *Mama* des Säuglings ist.

Mit dem zweigliedrigen Satz beginnt wirklich etwas ganz Neues in der Sprachentwicklung: Die Sprache wird einerseits Lehrmeister und andererseits Ausdruck des Denkens. Damit ist die Sprachbewegung zugleich um eine Stufe geistiger, verinnerlichter geworden.

Wir fanden im ersten Kapitel, daß Sprache verinnerlichte Bewegung (Gebärde) sei. In Laut, Ton und Rhythmus erleben wir diese Bewegung noch unmittelbar. Der Satz läßt diese Elemente in den Hintergrund treten und zieht unsere Aufmerksamkeit auf den Inhalt der Aussage. Es spiegelt sich darin aber nur die Tatsache, daß sich der Gedanke vom Laut emanzipiert hat, daß wir eine Gedankensprache, keine Lautsprache mehr besitzen. Die Bewegung hat sich noch einmal um eine Stufe verinnerlicht. Der Satz spiegelt die Gedankenbewegung. Aus dieser Sicht ist der beseelte Laut ein Keim zum Satz – noch nicht Satz –; der Begriff ist nicht mehr Satz.

Der Satz selber ergibt sich uns so als eine begriffene Bewegung. Zwischen der scharfen, aber toten Kontur des Begriffes und der lebendigen, aber chaotischen Bewegung den Ausgleich zu finden, ist eine Frage, die sich jedem stellt, der sich um Erkenntnisse bemüht: Erfrieren oder Schlafen sind die Pole, Begreifen der Bewegung und Bewegen des Begriffes die Aufgabe.

Ausdruck der Bewegung (Laut, Wort)	Ausdruck des Begriffs	Ausdruck der begriffenen Bewegung (Satz)
Mm! herrlich!	*Der herrlich mundende Honig*	*Der Honig mundet herrlich.*
Brr! kalt!	*Das kühlende Wasser*	*Das Wasser kühlt.*

4. Ausruf, Frage, Aussage

Der Weg zum Satz ist zugleich der Weg zur Grammatik. Nachdem wir so den Satz in seinem Geburtsvorgang verfolgt haben, können wir ihn im folgenden zum Ausgangspunkt aller Betrachtungen machen.

Stellen wir uns einmal die romantische Lage vor, in die wir kommen, wenn wir in der Abenddämmerung ein verfallenes Haus betreten. Wir öffnen die quietschende Tür und müssen uns durch allerlei Schrecksekunden behaupten. Versuchen wir, dieses Erlebnis mit all seinen Spannungen sprachlich wiederzugeben, kann etwa folgendes entstehen:

Ich drücke die Türklinke: Es knarrt. Was ist das? Eine Maus! Jetzt raschelt's wieder. Jetzt ist es still. Es ist stickig, jetzt ächzt es, bald wimmert's. Es weht mir ins Gesicht. Spinnweben! Oh! Weg von hier! Aber nein! Mutig weitergeschritten! Es ist ja gar nichts los.

Wir wissen aus Erfahrung, daß wir solchen Situationen, zunächst ausrufend, in der Gebärde des Sich-Behauptens, des Sich-Geltendmachens begegnen. Als zweites tritt die Frage auf: Woher? Was? Wir lassen blitzschnell Antwortmöglichkeiten in uns Revue passieren. Und schließlich kommt als dritter Schritt die Aussage hinzu; wir ordnen das Erlebnis in einen Zusammenhang, wir haben den Begriff gefunden:

1. Wir nehmen ein Geräusch wahr: *Au! Huh!* (Ausruf)
2. Wir suchen den Einklang zwischen Außen und Innen herzustellen: *Was ist da?* (Frage)
3. Wir ordnen das Geschehen in den Zusammenhang: *Es ist eine Maus – Eine Maus huscht vorbei.* (Aussage)

Die ersten beiden Schritte können durchaus wechselseitig geschehen, sie bedeuten die dramatische Auseinandersetzung: Ausruf – Frage – Ausruf.

Hat sich dieses Drama beruhigt, kommt es zur Mitteilung, Feststellung, Aussage, wenn nicht neue Erlebnisse zu neuen Fragen und Ausrufen führen. Das erste ist Ausdruck des *Erlebens*, das zweite der

Suche nach Überbrückung der gestörten Einheit, das dritte *des Erkennens.*

Nun können sich diese Elemente auch durchdringen, die Erkenntnis kann als Erlösungsruf oder auch die Frage als Ausruf auftreten. Nur der Tonfall offenbart die Haltung. Ausruf, Befehl, Aufforderung, Wunsch, Frage und Aussage sind Tonarten, in denen der Satz erklingen kann.

Wir unterscheiden also drei Satzarten, gemäß den Satzzeichen:
- den Ausrufe-, Aufforderungssatz (!)
- den Fragesatz (?)
- und den Aussagesatz (.)

5. Der Satz zwischen Es-Bewußtsein und Ich-Bewußtsein

Geben wir nun unsere ganze vorige Geschichte in der Form der distanzierten Schilderung wieder, um durch einen Sprachvergleich noch tiefer in die Satzarten zu dringen:

Ich komme zur Tür herein. Die Angeln quietschen. Die Dachsparren stöhnen. Die Fenster sind geschlossen. Die Luft ist stickig. Da huscht eine Maus vorbei – und so weiter.

Damit hat sich die Erregung beruhigt, Tatsachen sprechen sich aus. Ein Mittel, das Unbekannte, Unheimliche auszudrücken, sind die Es-Sätze, die wir in unserem ursprünglichen Text häufig verwendeten. Vergleichen wir folgende Gegenüberstellung:

Es knarrt.	–	*Die Türe knarrt.*
Es stöhnt.	–	*Die Dachsparren stöhnen.*
Es ist stickig.	–	*Die Luft ist stickig.*
Es huscht vorbei.	–	*Eine Maus huscht vorbei.*

Im ersten Fall bewegt uns die Wahrnehmung, ohne daß wir die Ursachen mit erfassen. Wir identifizieren uns mit dem Geschehen. Im zweiten konturiert sich diese Ursache. Die Stimmung des Unheimlichen weicht der sachlichen Feststellung. Damit wird dem Bewegungspol ein Ruhepol entgegengesetzt. Wir können uns diesen Erkenntnisvorgang noch verdeutlichen, indem wir uns folgende Zwischenstufen denken:

Es ist stickig – das ist stickig: die Luft. – Die Luft ist stickig.

Im Spontangespräch ist eine solche Reihenfolge sehr häufig. Redeformen wie diese *Das ist stickig – die Luft,* in denen der Gegenstand der Aussage erst nachträglich genannt wird, treffen wir im Mündlichen sehr oft an.[9]

[9] Siehe Heinz Zimmermann, Zu einer Typologie des spontanen Gesprächs, Bern 1965.

Es knarrt:	Ein Geschehen als solches wird geäußert.
Das knarrt:	Eine deutende Gebärde verbindet sich mit dem Geschehen.
Die Türe:	Die Ursache, der Bezugspunkt, löst sich aus dem Geschehen und wird als Vorstellungsinhalt formuliert.
Die Türe knarrt:	Der Vorstellungsinhalt wird mit der Geschehensäußerung verbunden.

Von der Einheit mit dem Weltgeschehen löst sich ein Gegenpol, der schließlich in einer neuen Einheit aufgeht.

In der Entwicklung *Es – Das – Die Türe* erleben wir den Umschlag des aus dem Umkreis auf mich Zukommenden *(Es)* zum von mir distanzierten Inhalt *(die Türe)*.

Mit den Es-Sätzen haben wir eine Form kennengelernt, die ganz auf dem Bewegungspol liegt. Der Formpol mit seinem begrifflichen Inhalt ist gleichsam unausgefüllte Möglichkeit geblieben. Die Bewegung in der Zeit tritt noch nicht in den Vorstellungsraum. So ist es nicht verwunderlich, daß überall dort, wo der Mensch erlebt, wie etwas auf ihn zukommt, wo er die Welt als ein Werden erlebt, in das er selber einverwoben ist und dessen Urheber er als etwas Göttliches oder Natürliches erfährt, daß er dort die Es-Sätze braucht.

Es regnet, schneit, schäumt, hagelt, stürmt, braust, donnert, blitzt, brennt.

In der deutschen Sprache kann jeder Satz eine Es-Gestalt erhalten:

Der Donner kracht.	*Es kracht der Donner.*
Der Sturm braust.	*Es braust der Sturm.*
Das Meer schäumt.	*Es schäumt das Meer.*

Im zweiten Fall schreite ich im Satzverlauf vom Ausdruck des Geschehens zu dem der Vorstellung. Im ersten umgekehrt. Zudem weist der Es-Satz einen feinen rhythmischen Bogen auf, dem leichtgewichtigen, unbestimmten *Es* folgt das dynamische Bewegungsglied, und darauf senkt sich die Melodie auf den Ruhepol des Vorstellungsträgers. Im zweiten Fall geht der Satz den Weg von der Ruhe zur Dynamik.

In ihrer feinsinnigen Studie «‹Got› und ‹Geschehen›» weist Shoko Kishitani [10] auf einen Bewußtseinswandel, der sich in der Entwicklung von der mittelhochdeutschen Sprache zu unserer heutigen zeigt. Als das wahre Subjekt empfindet der mittelalterliche Mensch Gott, sich selbst als das, an dem sich Gottes Wille offenbart. Dem modernen Menschen zeigt sich die Welt als Objekt, er selbst erlebt sich als das Zentrum, von dem alles ausgeht. Ausdrücke wie *ez was im zornec gemuot (es war ihm zornig zumute)* sind im Mittelhochdeutschen ungleich häufiger als heute. Man vergleiche:

Es freut mich – *Ich freue mich*
Es scheint mir – *Ich glaube*
Es dünkt mich – *Ich finde*

Im einen Fall kommt etwas auf mich zu, im andern bin ich der Tätige, der Ausgangspunkt. Es ist die Entwicklung vom Es zum Ich, vom Geschehen zum Tun.

[10] Shoko Kishitani, «Got» und «Geschehen». Die Vermeidung des menschlichen Subjektes in der ritterlichen Sprache, Düsseldorf 1965.

6. Der dreigliedrige Satz

Um das Wesen des dreigliedrigen Satzes kennenzulernen, versuchen wir einmal zu schildern, wie ein Maler in seinem Atelier ein Bild malt, nun aber so, daß wir uns nur solcher Sätze bedienen, die zweigliedrig sind, also einen Ruhe- und einen Bewegungspol aufweisen. (Man kann zur Übung auch einen Hahnenkampf, eine Straßenschlacht oder ein Duell beschreiben.)

Der Künstler erhebt sich. Er tupft. Ein schönes Rot erscheint. Die Farbfläche wächst. Das Weiß verschwindet. Der Maler korrigiert. Das kräftige Gelb verblaßt. Die Farben stimmen. Das Bild ist fertig. Der Meister ist befriedigt.

Wenn man sich in dieser Weise sprachlich betätigt, macht man die eigenartige Erfahrung, daß man innerlich immer wieder gezwungen wird, einseitig den Standpunkt zu wechseln. Einmal wendet man sich nur dem Künstler zu, einmal nur dem Bild. Niemals aber kann man in einem Satz die Brücke vom einen zum andern schlagen. Der Maler kommt weder an den Pinsel noch an das Bild. Der Leser muß zwischen den Sätzen die Verbindung herstellen, sprachlich fehlt sie.

In einem Duell, in der gleichen Art geschildert, würden die Kontrahenten sich nie wirklich begegnen. Wir können immer nur die Tat des einen oder des anderen oder beider zusammen erfassen, nicht aber, daß die Tat des einen auf das Gegenüber trifft. Dazu bedarf es einer neuen Satzform.

Der Duellant schießt. – Der Duellant erschießt seinen Feind.
Er trifft. – Er trifft seinen Feind.
Der Maler korrigiert. – Der Maler korrigiert sein Bild.

Im zweigliedrigen Satz wird die Tätigkeit oder der Vorgang schlechthin ausgesagt, im dreigliedrigen dagegen ist die Bewegung gefaßt, gerichtet. Die Aussage gebiert aus sich heraus ein Handlungsziel und schafft dadurch eine klare Rollenverteilung zwischen Ausgang und Ziel, zwischen Wirkenden und Betroffenen. Begegnung, Wechselseitigkeit kommen zustande:

Meister Petz besucht (den) Reineke.

Meister Petz ist der Handelnde, Reineke der Betroffene, das Besuchen die Handlung, die von Petz ausgeht und Reineke betrifft. Das Ziel, das Objekt, kann entweder durch die Tätigkeit erst entstehen (*Der Bäcker bäckt Brot)* oder sich auf etwas Bestehendes richten (*Der Müller mahlt Korn)*. Immer aber entsteht eine Begegnung, greift das Subjekt über sich selbst hinaus.

1. *Es stürmt:* Das Geschehen zieht mich mit.
2. *Der Sturm braust:* Das Geschehen ist an einen festen Ruhepol geknüpft.
3. *Der Sturm peitscht die Wellen:* Der Täter greift mit dem Geschehen über sich hinaus in die Welt hinein.

So wandert die Entwicklung vom Weltenwerden über das Sich-Loslösen des Menschen zum Erkennen und Verwandeln der Welt.

7. Zusammenfassung

1. *Mama.* Der Mensch erwirbt seine Sprache aus den künstlerischen Elementen Laut (Vokal – Konsonant), Rhythmus und Melodie im Sprachspiel.
2. *Mm! – Herrlich! – Der Honig mundet.* Von der Lautgebärde über die Wortgebärde zur Satzgebärde: Die Welt wird begriffen.
3. *Herrlich! – Der Honig mundet – Der herrlich mundende Honig.* Der Satz als eine Mitte zwischen Ausruf (Ich-Aussage) und Begriff. Der Satz als begriffene Bewegung, als Verbindung von Bewegungspol (Prädikat) mit Ruhepol (Subjekt).
4. *Au! Mutig weitergeschritten! – Was ist das? – Eine Maus huscht vorbei.* Der Satz als Ruf (Befehl, Aufforderung), Frage (Wunsch) und Mitteilung.
5. *Es knarrt – Die Tür knarrt.* Der Satz am Bewegungspol (Es-Satz) drückt ein Werden aus.
6. *Es – das – die Tür.* Das Subjekt verdichtet sich und wird bestimmt.
7. *Es ist mir angst – Ich habe Angst.* Vom Es zum Ich, von Gott zum Menschen.
8. *Es stürmt – Der Sturm peitscht – Der Sturm peitscht die Wellen.* Der Es-Satz als Ausdruck des wahrgenommenen Werdens (Es), der zweigliedrige Satz als Ausgleich zwischen Sein und Tun (Ich und Es), der dreigliedrige als Ausdruck der Handlung, der Begegnung mit Mensch und Welt und der Wirkung auf sie (Ich, Es, Du).

III. Ruhe und Bewegung in den Wortarten

1. Verb und Substantiv[11]

In allen Sätzen, die wir im letzten Kapitel beobachteten, können wir jeweils einen Wortkern des Subjektes und einen des Prädikates finden. Der eine bezeichnet das Geschehen, der andere das Thema des Geschehens:

Der Blitz zuckt – Das Wasser kühlt – Der Sturm braust.

Der Blitz, das Wasser, der Sturm bezeichnen im Satz das Subjekt; als Wortkategorie nennen wir sie Substantive.

Kühlen, brennen, brausen, zucken bezeichnen das Prädikat, als Wortart heißen sie Verben.

Schon im Namen offenbart sich etwas Wesentliches. *Sub-stare* heißt darunterstehen – *Substantivum* bedeutet demnach das Darunterstehende, das Zugrundeliegende. *Verbum* bezeichnet das Wort schlechthin, der johanneische *lógos* wird im Latein mit *verbum* übersetzt.

Um den Grundcharakter dieser beiden Wortarten zu erleben, stellen wir einigen Verben in ihrer neutralen Form (der Grundform) die entsprechenden Substantive der gleichen Bedeutungswurzel gegenüber:

Verb: rauchen, fließen, brennen, stürmen, blitzen, reiten, säen.

Substantiv: Rauch, Fluß, Brand, Sturm, Blitz, Ritt, Saat.

---

[11] Siehe zu den drei Grundwortarten Heinz Rupp, Wortfeld und Wortinhalt, in: Festschrift Maurer, Düsseldorf 1968, S. 35 ff.

Versuchen wir ganz unbefangen, die beiden Wortarten zu vergleichen. Zunächst ist das Substantiv häufig konsonantischer als das Verb: *fließen – Fluß, reiten – Ritt.* Wir können leicht weitere Beispiele finden, die eine solche Beobachtung bestätigen: *treten – Tritt, tragen – Tracht, sehen – Sicht.* Das Formende der Konsonanten verstärkt sich.

Des weiteren löst das Verb in uns eine – allerdings ganz zurückgehaltene und daher nur im Ansatz wahrzunehmende – Reaktion aus, welche die Bewegung nachahmend begleitet, sich mit ihr identifiziert. In feiner Art kommt unser Organismus in Bewegung, es nimmt uns das Geschehen im Ansatz mit.

Das Substantiv dagegen erleben wir im vorstellenden Bereich, im Umkreis des Kopfes. Unser Organismus reagiert in der Tendenz wegstoßend, so wie man ein Bild, das man betrachten will, in einer genügenden Distanz halten muß: Wir distanzieren uns vom Geschehen. Besonders deutlich kann uns dies werden, wenn wir Substantive nehmen, die etwas Dingliches, Gegenständliches ausdrücken, das heißt, sich noch weiter vom Verbalen, Prozeßhaften entfernt haben: *Das Haus, – der Baum, – die Straße, – der Apfel.* Hier ist die Vorstellung durch den satten Sinnengehalt noch dichter wie im *Sturm, Brand, Fluß,* wo die Bewegung etwas nachklingt.

Leicht können wir ein Verb zum Substantiv werden lassen, wenn wir ein *das* voransetzen. Gerade dieses Wort, der sogenannte Artikel, offenbart den Wandel: Es deutet, weist auf das Geschehen, faßt es zusammen, umgrenzt es.

fließen – das Fließen
brennen – das Brennen
stürmen – das Stürmen
säen – das Säen

Vergleichen wir diese sogenannten Verbalsubstantiva mit den anderen, so fällt uns auf, daß sie abstrakter wirken: *das Fließen, das Brennen, das Stürmen, das Säen* wirken abstrakter als der *Fluß, der Brand, der Sturm, die Saat,* und diese wiederum abstrakter als die Dingwörter *das Wasser, das Feuer, das Korn.* Je stärker es vorstellbar, bildhaft wirkt, je konturierter es ist, um so konkreter, aber auch um so substantivischer wird es. Das Verbalsubstantiv stellt immer das neutrale, bloß hinweisende *das* voran, im eigentlichen Substantiv kann sich dann die Vorstellung in eine männliche oder weibliche Gestalt konkretisieren. Je substantivischer ein Wort, um so eindeutiger wird es, aber auch um so starrer. Im Festlegen schwindet das Leben.

Wenn wir eine Begriffsbestimmung machen wollen, müssen wir immer vom Substantiv ausgehen und dabei voraussetzen, daß das zu Bestimmende sich selbst gleich bleibe. Dadurch ist es immer Ausschnitt, Sonderung, Abbild.

Das Verb dagegen fließt im Verwandlungsstrom, es verbindet, integriert, läßt eine Gestalt aus der anderen hervorgehen. Sobald wir auf einen Vorgang zeigen, ihn zum Bild machen, substantivieren wir; die Vorstellung löst sich aus dem Strom der Zeitlichkeit in ein räumlich begrenztes Das-Sein oder Da-Sein. Daraus geht nun aber auch hervor, daß das Verb dem Wesen nach einen Zukunftscharakter hat, das Substantiv einen Vergangenheitscharakter. Wirken und Werden liegen dem Verb zugrunde, Gewirktes und Gewordenes dem Substantiv.

Jede Vorstellung, jedes Ding hat sich aus einem Vorgang ergeben, ist das Resultat eines Prozesses. Ein Feuer entsteht, wenn es brennt, ein Wind, wenn es windet, ein Fluß, wenn es fließt. Die Form ist aus der Bewegung entstanden. Der Schöpfung geht das Schaffen voraus, dem Begriff das Begreifen, dem Bau das Bauen, dem Baum das Wachsen. Im Substantiv prägt sich so vergangene Bewegung aus, im Verb zukünftiges Da-Sein. Den Vergangenheitscharakter des Substantivs können wir an vielen Formen entdecken, die aus Verben abgeleitet sind:

greifen – der Griff (er griff)
reiten – der Ritt (er ritt)
schreiten – der Schritt (er schritt)
geben – die Gabe (er gab)
bieten – das Gebot (er bot)
binden – der Bund (gebunden)
singen – der Gesang (sang)

Zusammenfassend stellen wir nun die gefundenen Merkmale der beiden Grundwortarten einander gegenüber.

Verb	*Substantiv*
Aussagekern (Prädikat)	Satzthemakern (Subjekt)
Vokalisch	Konsonantisch
Spricht den Willensbereich an, der sich nachahmend mit der Bewegung identifizieren will (Sympathie)	Spricht den Vorstellungsbereich an, der sich vom Weltgeschehen gesondert hat (Antipathie)
Prozeß, Verwandlung, Werden	Umriß, Statik, Da(s)-Sein
Bewegung in der Zeit	Form im Raum
Keim: zukünftiges Da(s)-Sein	Bild: vergangene Bewegung

2. Das Adjektiv zwischen Verb und Substantiv

Drei Schritte, so stellten wir fest, führen zur Satzgestalt. Im ersten identifizieren wir uns mit der Welt als einem Geschehen, im zweiten trennen wir uns von ihr im Vorstellen, und im dritten verbinden wir die beiden Polaritäten als Ausdruck des Urteilens. Auf der Wortebene spiegelt sich der erste Schritt im Verb, der zweite im Substantiv, der dritte, wie wir sehen werden, im Adjektiv.

1. Es stürmt.		*2. Der Sturm braust.*		*3. Es ist stürmisch.*
Es windet.		*Der Wind weht.*		*Es ist windig.*
Es raucht.		*Der Rauch qualmt.*		*Es ist rauchig.*
stürmen	–	*der Sturm*	–	*stürmisch*
winden	–	*der Wind*	–	*windig*
rauchen	–	*der Rauch*	–	*rauchig*

Lassen wir diese drei Kategorien vergleichend auf uns wirken, so können wir bei der dritten Wortart (*stürmisch, windig, rauchig*) etwas Zuständliches, Eigenschaftliches empfinden. Während ich das Substantiv mehr im Kopfbereich, das Verb nach außen strahlend empfinde, löst das Eigenschaftswort eine abwägende Gebärde in der Zone von Brust, Armen und Händen aus. Wenn *es stürmt,* dann erfasse ich das aktuelle Geschehen, wenn *es stürmisch* ist, dann erfasse ich die Lage, den Zustand. Ich antworte mit dem Eindruck, den das Geschehen oder Sein auf mich macht. *Das heftige Gewitter:* Das Gewitter macht einen heftigen Eindruck auf mich. *Der Sturm braust heftig:* Das Brausen macht einen heftigen Eindruck auf mich; ich antworte jeweils mit dem Wort *heftig*. Dadurch entsteht eine neue Bewegung: die Bewegung von mir zu den Dingen, zum Weltgeschehen. Ich charakterisiere die Welt von meinem Standpunkt aus. Jedes Wort enthält natürlich schon durch seinen Lautcharakter wie auch seinen speziellen Wortinhalt ein charakteristisches Element: *Sturm* hat einen anderen Charakter als *Wind* oder *Rauch*, *qualmen* einen anderen als *blitzen*, aber das Entscheidende ist hier, daß eine eigene Wortkategorie sich für den Ausdruck der Qualität entwickelt hat: Eigenschaften werden mir bewußt.

Wir fassen in unserer Betrachtung das sogenannte Adjektiv und das

Adverb als eine Wortart, die Eigenschaftswörter, zusammen, deren Kennzeichen es ist, entweder das Geschehen (Adverb) oder das Sein (Adjektiv) zu qualifizieren.[12]

Es gibt eine Möglichkeit, welche nur diese Wortart besitzt: die Steigerung (Komparation).

Heftig – heftiger – der heftigste/am heftigsten;
schön – schöner – die schönste/am schönsten.

Es gibt also zwei Steigerungsgrade. Wir nennen den ersten den Komparativ und finden in diesem Namen (comparare, vergleichen) etwas der ganzen Wortart Wesentliches. Wenn ich feststelle, daß der Sturm heftiger ist, dann vergleiche ich ihn mit einem andern Sturm, vielleicht mit dem früheren Zustand. Auf einer vergleichenden Tätigkeit beruht es aber auch schon, wenn ich das Wetter oder den Sturm heftig finde, also wenn ich die ungesteigerte Form (Positiv) brauche. Schon da muß ich abwägen, urteilen, empfinden. Und schließlich hebe ich im Superlativ (dem «Darübergehobenen»), wenn ich den Sturm als den heftigsten erlebe, die Heftigkeit dieses Sturmes über alle früher erfahrenen hinaus, vergleiche also wiederum. Ein Mehr setzt ein Weniger voraus, ein Größtes eine Gruppe anderer Größen.

Die vergleichende Tätigkeit offenbart sich in der häufigen Silbe *-sam*, die in Adjektiven wie *duldsam, ehrsam, ratsam* vorkommt: *sam* bedeutet «gleichwie» (vergleiche auch englisch *same*). Aber auch die anderen Ableitungssilben der Adjektive drücken das Qualitative, Beurteilende aus:

---

[12] In der deutschen Sprache drängt sich das um so mehr auf, als hier kein formaler Unterschied gemacht wird zwischen adverbialer und adjektivischer Bildung; höchstens daß sich das Adjektiv, wenn es zum Substantiv tritt (attributiv), sich in der Endung nach diesem richtet, als Adverb dagegen endungslos ist.
Der Sturm braust heftig (Adverb) – *Der heftige Sturm* (Adjektiv). Dazwischen aber liegt – gleichsam als Mitte zwischen Adverb und Adjektiv – das sogenannte prädikative Adjektiv: *Der Sturm ist heftig.* Man vergleiche:
Es stürmt heftig. – Der Sturm ist heftig. – Der heftige Sturm.
Vom Werden führt es zum Zustand (Sein) und schließlich zur begrifflichen Form des Zustandes (Nomen). Zu allen drei Formen führt die charakterisierende, urteilende Tätigkeit, die sich im Eigenschaftswort spiegelt.

-bar in *wunderbar, fruchtbar, eßbar,* kommt vom althochdeutschen «bèran» (tragen)
-ig *(traurig, lustig, lebendig)* von «eigan» (haben)
-lich *(fröhlich, lieblich, reiflich)* von «līch» (Gestalt)[13]

Das zwischen den beiden Polaritäten Bewegung und Form stehende Eigenschaftswort ist die Wortart, die sich selber am stärksten in Polaritäten äußert. Wir fanden als eine Polarität schon diejenige von Adverb und Adjektiv. Mit wenigen Ausnahmen läßt sich zu jedem Eigenschaftswort ein Gegenteil finden:

schön – häßlich
warm – kalt
rund – eckig
lang – kurz

Wir können die Gegensätze in den verschiedensten Bereichen verfolgen:

gut – böse (moralisch)
lustig – traurig (Stimmung)
schön – häßlich (ästhetisches Empfinden)
laut – leise, hell – dunkel, warm – kalt, glatt – rauh (Sinnesqualität)
früh – spät (Zeit)
oben – unten (Raum)

Vergleichen wir *lustig* mit *gebogen*, werden wir einer weiteren Polarität inne. Mit *lustig* antwortet meine Seele auf irgendeine Tatsache, mit *gebogen* kennzeichne ich die Tatsache selber. *Lustig* sagt über mich etwas aus, *gebogen* über die Welt.

Dabei gibt es zwei Wege von der subjektiven Empfindung zur objektiven Charakteristik:

1. herrlich – rot
2. herrlich – richtig

---

[13] Die Silbe -isch (von -isko) kann bedeutungsmäßig nicht genau bestimmt werden.

Auf dem ersten gelange ich zur Bezeichnung der sinnlichen Wahrnehmungsqualität, auf dem zweiten komme ich zur Bezeichnung der geistigen (logischen) Qualität. Dazwischen liegen viele Schattierungen, so vor allem das ästhetische Urteil: *schön – häßlich*, das den gleichen Anteil an Subjekt und Objekt hat, gleichsam das Objektive zur Empfindung werden läßt. Man bilde zur Verlebendigung dieses Spektrums Reihen von Eigenschaftswörtern nach folgender Art:

traurig	*häßlich*	*falsch*	*kalt*	*eckig*
fröhlich	*schön*	*richtig*	*warm*	*rund*

So wird einem das reiche Leben des Eigenschaftswortes zwischen Gegensätzen bewußt. Erleben, Bewerten, Charakterisieren – dies zu formulieren leistet diese Wortart. Es ist mit ihr möglich, die Welt mit dem Ich zu verbinden, wie auch das Ich mit der Welt. Ein Wind kann herrlich sein, eine Nacht süß, ein Brand grauenhaft, aber auch eine Freundschaft kann rosig sein, eine Arbeit dornig, eine Entwicklung steil. Im ersten Fall zeigt sich namentlich, daß wir die ganze Welt als ein Du erleben, im zweiten Fall die in der Sprache ganz häufige Verbildlichung von Seelischem und Geistigem durch Sinnliches. Das erste gehört zu den typischen Stilmerkmalen der Romantik, welche die Welt mit Empfindungsadjektiven schmücken und das Feuer lustig, das Tröpfeln emsig, den Strom gemütlich und so weiter erleben läßt.

Man vergleiche folgende Sätze miteinander:

1. *Das Rad an meines Vaters Mühle brauste und rauschte schon wieder recht lustig, der Schnee tröpfelte emsig vom Dache, die Sperlinge zwitscherten und tummelten sich dazwischen.* (Eichendorff, Beginn der Erzählung «Aus dem Leben eines Taugenichts».)

2. *Der mutmaßliche Täter ist 176 cm groß, schlank, trägt eine randlose Brille, helle, karierte Jacke, wollenen Schal, spricht gebrochen deutsch mit englischem Akzent.*

Bei Eichendorff verbindet sich das erlebende und bewertende Ich ganz mit der Umgebung, beim zweiten Satz dient alles zur exakten Charakterisierung des Objektes. Hier vermittelt das Eigenschaftswort hauptsächlich die präzise Erkenntnis des Substantivs, rückt vom bewertenden, beurteilenden zum nennenden Wort. Dies wird bei den Raum- und Zeitbezeichnungen und den Zahlangaben besonders deutlich: *vorher, nachher, oben, unten, jetzt, später, leer, fünf* und so weiter. Hier befinden wir uns an einer Grenze, wo sich andere Wortarten dazumischen.

3. Von der Zeit zum Raum

Nachdem wir nun das Eigenschaftswort bis zum Substantivpol verfolgt haben, wollen wir es auch noch am verbalen Pol kennenlernen. Jedem Verb in seiner Grundform können wir ein *d* anfügen und so seine Bewegung dämpfen:

fließen – fließend
stürmen – stürmend
rauchen – rauchend

Das Verb büßt damit seinen Zukunftscharakter ein und wird in ein Zuständliches verwandelt. Dadurch aber nähert es sich dem Adjektiv. Wir nennen diese Form Partizip (= Teilhabe). Diese können wir auch in eine abgeschlossene Form bringen:

fließend – geflossen
stürmend – gestürmt
rauchend – geraucht

Durch diese Verwandlung nimmt das Verb Züge des Eigenschaftswortes an: Es kann gesteigert, es kann dem Substantiv (attributiv) und dem Verb (adverbial) beigefügt oder endlich als Teil der Aussage (prädikativ) gebraucht werden.

Attributiv: *fließende Übergänge.*
Adverbial: *Er spricht fließend Deutsch.*
Prädikativ: *Die Übergänge sind fließend.*

Manche Partizipien erscheinen so häufig in adjektivischer Verwendung, daß man den verbalen Ursprung gar nicht mehr empfindet: *leidend, rührend, wohlhabend, gelehrt, sogenannt.*

So bekommen wir zwischen dem Verb und dem Substantiv folgende Zwischenstufen:

stürmen – stürmend – gestürmt – stürmisch – das Stürmen – der Sturm
fließen – fließend – geflossen – flüssig – das Fließen – der Fluß

Verb	Partizip der Gleich-zeitigkeit	Partizip der Vor-zeitigkeit	Eigen-schafts-wort	Verbal-substantiv	Substantiv

Der Weg vom Verb zum Substantiv ist ein Weg von der Bewegung zur Ruhe. Damit ist er ein Abbild der menschlichen Entwicklung, die von der Motorik der Gliedmaßen durch die Verinnerlichung im Bereich des rhythmischen Atem-Herz-Menschen zur Gedankenruhe des Kopfes führt.[14] Die kindliche Entwicklung als Aufwachprozeß entspricht ganz diesem Weg. Das Kind beginnt seinen Erdenweg als vornehmlich motorisches Wesen und wacht über innere Erlebnisse allmählich zu eigener Urteilsfähigkeit auf. Dieser Vorgang ist zugleich ein Weg von der Zeit über die Innerlichkeit in den Raum und bildet dadurch wiederum das ganze Menschenwesen ab: Im Verb finden wir das Abbild des menschlichen Zeitenprinzipes, all dessen, was Leben und Verwandlung vermittelt; im Substantiv finden wir das Abbild des menschlichen Raumesprinzipes, wodurch unser Leib sich von der Umwelt abgrenzt («physischer Leib»); im Eigenschaftswort bildet sich das Prinzip der Verinnerlichung ab, wodurch der Mensch Träger von Lust und Leid, Sympathie und Antipathie sein kann. Das integrierende, sinnstiftende Element des Satzes, den die Grundwortarten ja voraussetzen, können wir in der menschlichen Ich-Organisation finden, die sich der übrigen Prinzipien als Instrumente bedient, wie es der Satz mit den Wortarten tut.[15]

Wie das Verb einen Prozeß aussagt, das Substantiv ein Vorgestelltes oder Gedachtes benennt, so vermittelt das Eigenschaftswort beide miteinander. Natürlich kann man auch im Substantiv Prozeßhaftes, im Verb Statisches oder in beiden Qualitatives aussagen. Das zeigt, daß sich im Teil auch das Ganze spiegelt. Entscheidend ist hier aber, daß

---

[14] Siehe Rudolf Steiner, Von Seelenrätseln, GA 21, Dornach [5]1921.

[15] Vergl. dazu Rudolf Steiners Viergliederung des Menschenwesens in einen «Physischen Leib», «Ätherleib», «Astralleib» und «Ich als Seelenkern» (Theosophie, GA 9, Dornach [31]1987, Kapitel «Leib, Seele und Geist»).

sich in der Sprache für diese drei Perspektiven eigene Wortkategorien gebildet haben.

Vergleichen wir das Substantiv *das Rennen* mit dem Verb *bleiben,* so äußert sich im Verb weniger Bewegung als im Substantiv. Wir vergleichen aber so nicht Wort*arten,* sondern Wort*inhalte* miteinander, befinden uns also gar nicht auf der gleichen Ebene. Mit *bleiben* müssen wir *das Bleiben, die Bleibe* vergleichen, *das Rennen* müssen wir dem Verb *rennen* gegenüberstellen, um den Unterschied zu erfassen. Man muß sich im Einzelfall klarwerden, welche Sprachebene man betrachtet.

So kann ich das Wort *platzen* in dreifacher Weise betrachten:

1. Als Lautgebärde, als zweimalige Verbindung von Stoß- und Dauerlauten, mit denen der Vorgang des Platzens nachgeahmt wird, das erstemal zwischen Lippe und Zunge, das zweitemal zwischen Zunge und Zahn, und in der Mitte der offene A-Vokal.
2. Als Wortgebärde, indem ich den Inhalt als Wortbild erfasse (*platzen, dehnen* und so weiter).
3. Als Wortart, indem ich die Satzgebärde in ihrer Erscheinung auf der Wortebene erkenne.

Die Polarität von Vokal und Konsonant auf der Ebene der Laute und jene von Prädikat und Subjekt auf der Ebene des Satzes spiegeln sich auf der Wortebene als Gegensatz von Substantiv und Verb. Und die Verbindung der Laute zur Silbe, die Verbindung von Subjekt und Prädikat zum Satz spiegeln sich auf der Wortebene in der Verbindung von Verb und Substantiv zum Eigenschaftswort. Gerade dadurch, daß sich Lautebene, Wortebene und Satzebene ständig durchdringen, entsteht der Reichtum der Sprache.

4. Die Person

Mit dem verbalen Geschehen will ich mich identifizieren. Sage ich *schwimmen,* so ahme ich in meinem inneren Bewegungsorganismus diese Tätigkeit nach. Formaler Ausdruck davon ist die erste Person. *Ich schwimme* heißt, daß ich mich mit dem Tun identifiziere. Im Ich ist der ganze Tätigkeits- und Leidensquell enthalten, den ich von innen her erlebe. *Ich* kann ich nicht von jemand anderem sagen. Nehme ich von mir selber Abstand, dann wird *ich* entweder zum *das Ich,* auf das ich deute, oder zum anderen Ich, zum Gegenüber, zum Du. Im Du spreche ich die Anwesenheit eines anderen Ich aus. Im Du-Erlebnis wende ich mich an ein Gegenüber. *Ich werdend spreche ich Du,* formuliert Martin Buber treffend. [16] Erst in der dritten Person vermag ich über etwas zu sprechen.

Erste Person:	Ich spreche mich als Tätigkeitsquell aus (Ich).
Zweite Person:	Ich wende mich an ein gegenwärtiges anderes Wesen (Du).
Dritte Person:	Ich spreche über ein anderes Wesen oder Ding (Es).

Erst in der dritten Person kann ich Dinge erfassen. Erst hier kann daher echte Zweigliedrigkeit entstehen, indem sich die Welt in Geschehen und Größe aufspaltet.

In den drei Personen können wir wiederum einen Bewußtseinsweg durchschreiten: *Ich lebe – du lebst – es lebt – das Ich lebt – das Kind, der Sohn, die Tochter lebt.*

Von mir ausgehend, begegne ich einem Du, die Welt öffnet sich und verdichtet sich zu einzelnen Wahrnehmungen und Begriffen. Die Reihe *ich – du – es – das – der – die* zeigt den Geburtsvorgang des Substantivs aus dem Verb heraus. Im Griechischen und Latein sind Personen und Tätigkeit noch so verschmolzen, daß sie nur dann gesondert auftreten, wenn die Person betont werden soll. *Voco* bedeutet *rufen* in der Identifikation mit mir (erste Person). *Ego voco* heißt *ich*

[16] Martin Buber, Ich und Du, Heidelberg 1983, S. 18.

rufe, nicht jemand anders. Wie beim *Mama* des Kleinkindes das Ich, Du oder Es als Tonfall enthalten sind, so sind sie es hier in der Verbform. Viele Anzeichen sprechen dafür, daß die Personenbezeichnungen *ich, du, er* und so weiter aus den Personalendungen des Verbs isoliert wurden.

5. Das Pronomen

Die Endung des Verbums ist das Zeichen der Verbindung von Subjekt und Prädikat. Sie ist die Marke, welche das Subjekt dem Prädikat aufdrückt. Aus dieser Verbindung gliedert sich eine Wortart ab, die wir mit dem Ausdruck *Pronomen* bezeichnen und die wir jetzt als Personalbezeichnungen (*ich, du, er* und so weiter) und hinweisende Zeigewörter *(das, die, der)* kennengelernt haben. Das lateinische *pro* meint *für, anstelle von,* weshalb man Pronomen auch mit *Fürwort* übersetzt. Diese Bezeichnung ist irreführend, wenn man damit die Meinung verbindet, das Pronomen sei nur eine formale Abkürzung für ein Substantiv oder Adjektiv. Unsere Reihe hat gerade gezeigt, daß diese Wortart zwar eine solche Eigenschaft besitzt, aber daneben einen Eigenwert, ja sogar einen Keimcharakter aufweisen kann.

Ich und *du* sind durch nichts zu ersetzen, sie sagen eine Grundhaltung des Sprechens aus. *Es* in Sätzen wie *es regnet, es blitzt* rücken das Geschehen in einen Werdeaspekt mit unbestimmten, noch nicht festgelegten Verursachern.

Das in Sätzen wie *das regnet, das stürmt* weist auf das Geschehen hin, *das* in *das Regnen* weist auf den Geschehensbegriff hin, *der* in *der Regen* weist auf das folgende Substantiv hin und ordnet es dem männlichen Geschlecht zu und verwächst im Artikel *(der, die, das)* mit dem dazugehörigen Substantiv als dessen ständiger Begleiter.

Ist das Substantiv oder das Geschehen bekannt, so kann es wiederum durch ein *er, sie, es* oder *das* ersetzt werden. Jetzt erhält aber das Pronomen einen rückweisenden Charakter: *Es zuckt – der Blitz zuckt – er schlägt ein.*

Im einen Fall ist *es* wie ein Keim des Substantivs, im anderen nur noch Erinnerungsmarke. Im Artikel *(der, die, das),* der sich aus dem Hinweis (Demonstrativpronomen) entwickelt hat *(dieser, diese, dieses)* erscheint es als ein Teil eines Substantivs, ordnet sich ihm formal wie das Adjektiv unter. Wie wir schon im 2. Kapitel (vergl. S. 25) sahen, kann man im Spontangespräch häufig das «keimhafte» Pronomen hören und in der Folge das ausgestaltete Substantiv, welches sich erst durch die vorstellende, distanzierende Tätigkeit formt. Man vergleiche folgende Sätze:

1. *Das schmeckt gut, die Schokolade.*
2. *Die Schokolade schmeckt gut.*
3. *Sie schmeckt gut.*

Oft wird sogar im Gespräch ganz auf die Ausformulierung des Substantivs verzichtet, aus Bequemlichkeit und weil es sich von selbst versteht. Es ist die gleiche Bequemlichkeit der Bildgeschichten, die sprachlich nur noch durch Zeigen und Ausrufe begleitet werden müssen.

6. Die Zahl

An der Verbindung von Subjekt und Prädikat im einfachen Satz läßt sich noch eine weitere Erscheinung finden. Wir haben nicht nur drei, sondern sechs Personalformen – früher waren es sogar neun. Wir erleben die Welt, wie sie sich im Substantiv spiegelt, auch als eine Quantität. Ohne daß wir abstrakt zählen müßten, erleben wir den Unterschied zwischen der Einheit und der Vielheit, und zwar ursprünglich so stark, daß dieser Unterschied sich mit der Wortbezeichnung verbindet:

Rose – Rosen
Lamm – Lämmer
Buch – Bücher
ich – wir
du – ihr
er, sie, es – sie

Die Fidschi-Insulaner bezeichnen zwei Kokosnüsse und zehn Kokosnüsse mit zwei verschiedenen Wörtern (nicht nur Formen!), so stark erleben sie die Andersheit durch das Wieviel.[17]

Auch das Indogermanische, aus dem unsere Sprache sich entwickelt hat, unterschied neben der Einzahl (Singular) und der Mehrzahl (Plural) noch eine Zweizahl (Dualis). Diese Form hat sich im Griechischen und Gotischen noch erhalten und spiegelt den grundsätzlichen Unterschied von zwei und mehr als zwei Personen und Dingen. Es ist ein wesentlicher Unterschied, ob ich mich mit einem einzigen Du unterhalte oder mit mehreren, ob ich einem Du begegne oder mehreren. Infolgedessen gab es im Indogermanischen drei mal drei Personalendungen.

Wenn ich auf ein Substantiv nicht mit dem Artikel deuten will, dann bezeichne ich es einfach als eine Einheit: *der Blitz – ein Blitz, die Tasse – eine Tasse, das Kind – ein Kind.* Im Französischen ist der unbestimmte Artikel ganz identisch mit der Zahl eins: *le chat – un chat* (eigentlich: *eins* Katze).

---

[17] Siehe Max Picard, Der Mensch und das Wort, Erlenbach-Zürich 1955, S. 127.

Das Zählen unabhängig von einem Ding bedeutet einen großen Abstraktionsvorgang, der sich in der selbständigen Wortart der Numerale (Zahlwörter) spiegelt: *eins, zwei, drei, viele, wenige, alle* und so weiter.

Damit haben wir nun außer den drei Grundwortarten alle diejenigen Wortarten kennengelernt, die mit diesen unmittelbar verwandt sind. Den Präpositionen und Konjunktionen widmen wir selbständige Betrachtungen.

7. Zusammenfassung

Das Verb spiegelt das Werdende, die Bewegung, mit der wir uns als nachahmende Wesen identifizieren. Es entspricht unserer Gliedmaßenorganisation als Grundlage unseres Wollens.

Das Substantiv spiegelt das Gewordene, das Vorstellungsbild oder den Begriff, dem wir uns als betrachtende Wesen gegenüberstellen. Es entspricht unserer Kopforganisation als Grundlage unseres Vorstellens und Denkens.

Das Adjektiv–Adverb spiegelt die aktuelle Eigenschaft, die wir als urteilende Wesen der Welt und uns selber zuerkennen. Es entspricht unserer Brustorganisation als Grundlage unseres Fühlens und Empfindens.

Die Person ordnet das Geschehen in dreifacher Weise einem Subjekt zu:
- *Die erste Person* spiegelt die Identifikation des Sprechers mit dem Geschehen (Ich-Aussage).
- *Die zweite Person* ordnet das Geschehen der Beziehung des Sprechers zu einem anderen Ich zu (Du-Zuwendung).
- *Mit der dritten Person* machen wir eine Aussage über eine Person oder Sache (Welt-Aussage).

Das Pronomen ist als Personalpronomen Keim oder Merkzeichen des Substantivs. Als *Demonstrativpronomen* entspricht es der dritten Person und hat hinweisenden Charakter. Aus ihm wird in einem Erstarrungsvorgang *der Artikel* als Begleiter des Substantivs.

Das Zahlwort (Numerale) bezeichnet ein Wesen oder eine Eigenschaft unter dem Aspekt der Quantität: *alle, wenige, viel, manche, fünf.*

In bezug auf unseren Aspekt *von der Bewegung zur Ruhe* ergibt sich die Reihenfolge: *Interjektion (Ausruf) – Verb – Adjektiv – Pronomen, Artikel, Numerale – Substantiv.*

IV. Die Arten der Bewegung

1. Geschehen und Sein

Das Substantiv ist Ausdruck unserer Vorstellungen oder unserer Begriffe, das Verb faßt sprachlich dasjenige, was uns durch unseren Bewegungsorganismus mit der Welt verbindet und bildet daher auch den Satzkern. Der Charakter des Verbums prägt zugleich den Charakter des Satzes, und es erstaunt uns nicht, wenn wir gerade in dieser Wortart den größten Formenreichtum antreffen: Bewegungsabläufe erleben wir viel differenzierter, sie beeindrucken uns auch unmittelbarer und fordern stärker unser Verhältnis zu ihnen heraus als die von vornherein distanziertere Welt der Vorstellungen und Begriffe. Beginnen wir zunächst mit der Betrachtung der *Intensität* eines Vorgangs.

Wenn Wasser vom Himmel kommt, dann kann es *rieseln, nieseln, tröpfeln, regnen, schütten;* die Luft kann *säuseln, winden, stürmen, toben,* ein Feuer kann *glimmen, glühen, leuchten, flammen,* ein Bach kann *murmeln, rauschen, schäumen, stürzen, tosen.*

Je nach dem Wortfeld, je nach dem Bereich, in dem man die Vorgänge aufsucht, gibt es eine größere oder kleinere Spannweite.

Beobachten wir, wie Feuer allmählich kleiner wird: Es glimmt noch, es flackert hie und da, dann verlöscht es, es ist aus, die Bewegung ist erstorben. Beim Feuer bedeutet Aufhören der Bewegung zugleich Verschwinden des Feuers, weil die Bewegung dem Feuer notwendig innewohnt.

Wasser kann *sich kräuseln, wellen, plätschern* und schließlich zum Stehen kommen: Ein See *liegt* oder *ruht* zwischen den Bergen. Nun kann ich auch sagen: Ein See *ist* zwischen den Bergen *gelegen* oder das Wasser *ist* in Ruhe, so wie ich vorher beim Feuer festgestellt habe: Es *ist* aus, die Bewegung ist erstorben.

Von da ist es nur ein kleiner Schritt zur Bezeichnung: *Wasser in Ruhe, See zwischen den Bergen gelegen, erloschenes Feuer.* Das heißt, mit dem Verbum *sein* ordnen wir alles dem Substantivischen unter. Wenn ich sage: das Feuer *ist*, das Wasser *ist*, dann sage ich damit zunächst einfach nur die Existenz des Subjektes aus, ich bejahe es. Daß solche Sätze höchstens in einer philosophischen Abhandlung stehen können, ist einleuchtend, denn der Seins-Charakter oder eben dessen Abwesenheit ist bei den Dingen durch die Wahrnehmung gegeben, bei den Abstrakta steht es im Sinne von *jetzt, da* – etwa: *Es ist Friede,* das heißt, *jetzt ist Friede, Friede ist da.*

Jedenfalls erwarten wir immer eine Ergänzung zu dem Sein: *Wie* oder *was* etwas sei, wollen wir erfahren oder mitteilen. Das aber steht immer entweder in der Form eines weiteren Substantivs *(Sie ist Schauspielerin),* einer Eigenschaftsbezeichnung *(Sie ist beschäftigt)* oder einer Umstandsangabe *(Sie ist da).* Das Verb erfüllt nur noch die Aufgabe, das Subjekt mit der Ergänzung zu verbinden und kann, weil es einen so allgemeinen Inhalt hat, auch weggelassen werden *(Schnee auf den Straßen, großer Lärm im Haus, das Dach in Flammen, der Himmel bewölkt* und so weiter*).*

Dasjenige, was sonst im Verb enthalten ist, gliedert sich beim Verbum *sein* aus und wird selbständiges Glied. Man vergleiche:

Ich hungere. – Ich bin hungrig.
Ich erstaune. – Ich bin erstaunt.
Ich reise. – Ich bin auf Reisen.

Im ersten Fall bildet das Verb einen Vorgang ab, im zweiten einen Zustand, das Vorgängliche zieht sich im zweiten Aussageglied zusammen *(hungrig, erstaunt, auf Reisen).* Aber es zeigt sich noch etwas anderes. Wir vergleichen:

Es regnet. – Es ist regnerisch.
Er trauert. – Er ist traurig.
Sie malt. – Sie ist Malerin.

Im ersten Fall bezeichne ich eine Wirksamkeit, ein verwandelndes Prinzip, im zweiten Fall nenne ich einen momentanen Zustand. Der für das Verb typische Keimcharakter ist beim *sein* verlorengegangen. Nicht den Vorgang selber, sondern das Ergebnis eines Vorganges, eines Zustandes, drücken wir mit diesem Verb aus.

Es regnet (Vorgang). – *Alles ist naß* (Ergebnis).

Wenn wir einem Kind, dem wir gerade den Unterschied zwischen einem Substantiv und einem Verb beigebracht haben, die Verben *bleiben, warten, ruhen, liegen* und *sein* vorlegen, dann wird es am schwersten einsehen, daß *sein* ein Verb ist. Die übrigen kann man noch als Prozesse empfinden, besonders da man in der Wahrnehmung leicht den Übergang vom einen Prozeß zum anderen erlebt (vom Gehen zum Stehen).[18]

So pendelt das Verb in den verschiedensten Nuancen und Intensitätsgraden innerhalb des Geschehens, des Prozesses oder des Vorganges und findet im *sein* Grenze und Stillstand, tritt damit an den Bereich des Substantivs.

Man kann dem Substantiv die Seins-Perspektive zuordnen, während das Verb ein irgendwie geartetes «Geschehen» bezeichnet. Um diese beiden Perspektiven in ihrer Qualität zu erleben, versuchen wir einen Natureindruck einmal vorgänglich (Geschehens-Perspektive), das andere Mal zuständlich (Seins-Perspektive) zu schildern:

Es knirscht bei jedem Schritt, lautlos fällt der Schnee, große Flocken bedecken die Büsche und hüllen die Baumkronen ein. Alles verstummt, die Erde wird verzaubert. Alle Formen werden weich und lösen sich schließlich auf.

Ein Knirschen bei jedem Schritt. Lautloser Schneefall. Auf Bäumen und Büschen liegt bald eine weiche Decke. Alles still und verzaubert. Die starren Formen aufgelöst und weich.

---

[18] Im alemannischen Dialekt sagt man ohne weiteres: *Är duet schloofe, lige* (er tut schlafen, liegen), faßt es also als eine Aktivität auf, aber man sagt nie: *Är duet sii* (er tut sein).

Im zweiten Text wird unsere Beschaulichkeit angeregt, das Bild tritt in den Vordergrund und verdrängt den Vorgang. Das wird uns noch deutlicher, wenn wir einzelne Sätze einander gegenüberstellen:

Der Lärm verstummt. – Lautlose Stille überall.
Lautlos fällt der Schnee. – Lautloser Schneefall.
Es knirscht bei jedem Schritt. – Ein Knirschen bei jedem Schritt.

2. Der Ablauf der Bewegung (Perspektive)

Gehen wir nun den Spielarten dieser beiden Grundperspektiven *Geschehen* und *Sein* nach. Sätze wie *es brennt, es regnet, es schneit* kann man in zweifacher Weise empfinden: Entweder erfahre ich den Bewegungsvorgang, ich verfolge also, wie die Regentropfen immer wieder herunterfallen und aufspritzen oder wie die Flammen immer wieder aufzüngeln oder wie die Flocken immer wieder wirbelnd zu Boden fallen. Das ist eine Möglichkeit.

Die zweite ist in dem «immer wieder» gegeben. Dadurch, daß sich der Vorgang während einer unbestimmten Zeit abspielt, kann ich die Bewegung in ihrer Kontinuität als einen Zustand empfinden. Das bedeutet nun aber, daß ich die Seins-Perspektive stärker als die Geschehens-Perspektive erlebe. *Es brennt, es regnet, es schneit* heißt dann «der Zustand des Brennens, Regnens, Schneiens läuft ab», es bedeutet dann weniger das aktuelle Geschehen als das dauernde.

Ich versuche, ein Feuer zu entfachen, das Reisig fängt Feuer, es flammt auf, jetzt brennt es. Mit dem letzten meine ich ganz offensichtlich «für eine gewisse Dauer». Die Bewegung hat einen Gewohnheitscharakter angenommen und wird daher als ein Zustand erlebt, so wie ich im fahrenden Zug oder im Ruderboot mich so an die Bewegung gewöhnt habe, daß ich innehalte und wach werde, wenn das Rattern oder das regelmäßige Plätschern aufhört.

Ich nehme nur noch die Änderungen bewußt wahr. Diese Zustandsänderungen tragen nun aber wieder ganz eindeutig einen Werde-Charakter.

Verfolgen wir noch einmal den ganzen Ablauf des Brennens:

Das Holz ist aufgeschichtet, das Feuer ist vorbereitet, ich halte das Streichholz an die Zeitung. Diese fängt Feuer, flammt auf, entzündet das Reisig. Bald schlagen Flammen empor, das Feuer brennt, dann wird es kleiner, es flackert nur noch, es glüht und glimmt, dann verlöscht es schließlich. Das Holz ist verbrannt, das Feuer ist aus.

Zwischen den beiden Zuständen *das Holz ist aufgeschichtet, das Feuer ist vorbereitet* und *das Holz ist verbrannt, das Feuer ist aus* spielen sich die verschiedenen Phasen des Brennens ab: Es beginnt *(entzünden, entflammen, Feuer fangen)*, dauert an *(brennen, glimmen, glühen, flackern)*, ändert den Zustand *(flammt auf, wird kleiner)*, und hört schließlich auf *(verlöscht)*.

Oder: *Die Tür ist offen. Ich stehe auf, gehe zur Tür, schließe sie. Jetzt ist sie zu, geschlossen.*

Oder: *Ich bekomme eine volle Tasse Kaffee, ich trinke sie aus, ich leere sie, jetzt ist sie ausgetrunken, leer.*

Oder: *Ich bin in Basel; ich setze mich ins Auto, fahre los, fahre eine bestimmte Zeit, dann halte ich an und bin in Bern.*

Aufstehen, schließen, austrinken, leeren, sich setzen, losfahren, anhalten – das alles sind Verben, die die Verwandlung eines Zustandes bezeichnen, das Hinstreben auf einen neuen Zustand, einen Anfang *(losfahren)*, eine Änderung *(schwächer werden)* oder ein Ende *(anhalten)*. Auf eine allgemeinere Form gebracht, heißt das: beginnen, verstärken, wirken als Zustand, schwächer werden, aufhören.

Ein idealer Bewegungsablauf hat damit folgende Phasen:

1. Ausgangszustand (Sein)
2. Eintritt der Bewegung (Werden)
3. Intensivierung (Werden) zum
4. Idealzustand der Bewegung (Sein im Werden)
5. Abschwächung (Werden)
6. Aufhören (Werden)
7. Zustand als Ergebnis des Vorganges (Werden im Sein).

Verkürzt: Ein Prozeß entsteht an oder aus einem entsprechenden Zustand, wirkt und vergeht in dem von ihm bewirkten Zustand.

Zum Sein tritt verwandelnd ein Werden, das Werden erlangt durch die Dauer einen Seinscharakter, dieser verschwindet wieder, das Werden erscheint als Vergehen und verschwindet ganz in das neue Sein.

Diese Formen spielen sich innerhalb eines Inhalts kontinuierlich ab, wir können dies an einem gleichbleibenden Wortstamm zeigen:

entbrennen (Werden)
brennen (Werden als Sein)
verbrennen (Werden als Vergehen)
verbrannt (vollendetes Werden).

Das letzte verbindet sich wiederum mit einem Sein *(es ist verbrannt).* Dieser Tatbestand hat etwas Urbildliches für jeglichen Vorgang, und es wundert uns nicht zu erfahren, daß in früheren Sprachstufen, ja zum Teil noch heute, solche Unterschiede das Formensystem des Verbums maßgeblich aufbauen.

Die sogenannten Aktionsarten oder Perspektiven – das ist die grammatikalische Bezeichnung – sind ursprünglicher als die Kennzeichnung der Zeit.[19]

Im deutschen Verbalsystem spielen diese Perspektiven in den zusammengesetzten Formen Futur, Perfekt, Passiv eine wichtige Rolle. Wir werden darauf noch ausführlich zu sprechen kommen.

Es sei ferner auf die Aktionsarten, die ja nur ein Spiel der Werde- und Seins-Perspektive darstellen, im Bereich der Wortbildung hingewiesen. Mit der Vorsilbe *er-* (ursprünglich ur = aus) können wir ein Verb der Seins-Perspektive zum Werdeverb verwandeln:

scheinen – erscheinen
wachen – erwachen
kennen – erkennen

Die Silbe *ge* (früher gi, ga = zusammen) war in alt- und mittelhochdeutscher Zeit noch viel beweglicher und konnte vor ein Verb gestellt

[19] In verschiedenen Sprachen ist das noch voll ausgebildet, zum Beispiel im Russischen (vergl. Hans Robert Mehlig, «Linguistische und didaktische Überlegungen zum Verbalaspekt im Russischen», in: Zielsprache Russisch, Zeitschrift für den Russischunterricht, 1980, S. 1 ff.
Im Französischen kann man diesen früheren Zustand noch durchschimmern sehen. Es gibt dort drei Vergangenheitsformen, die sich nur durch ihre Aktionsart ohne zeitliche Komponente unterscheiden: das Imparfait drückt einen Zustand aus (imperfektiv), das Passé défini einen Geschehenseintritt (perfektiv) und das Passé composé das abgeschlossene, vollendete Geschehen (perfektiv).
Der griechische Verbstamm *ball-* bedeutet im Präsensstamm «werfen», im Aoriststamm «treffen», das heißt vollendetes, erfolgreiches Werfen. Entsprechend übersetzen wir das lateinische *noscere* mit «kennenlernen», *novisse*, die Grundform des Perfekts, mit «kennen» oder «wissen», also wiederum dem erfolgten, abgeschlossenen Kennenlernen.
In der englischen Sprache können wir den Unterschied zwischen der Werde-Perspektive und der Zustandsperspektive dank der «...ing»-Form deutlich machen.

werden, wenn man das Eintretende oder Abschließende zum Ausdruck bringen wollte:

Althochdeutsch *standan* bedeutet stehen, *gistandan* sich hinstellen oder stehenbleiben;
bauen heißt wohnen, *gabauan* bedeutet, sich eine Wohnung aufschlagen, bauen;
haban heißt im Besitz haben (haben), *ga-haban* in Besitz nehmen oder in Besitz behalten.

Die gleiche Silbe dient uns ja noch heute zur Bildung des Vergangenheitspartizipes *(schlafen – geschlafen, lesen – gelesen).*

Weitere Vorsilben, die ein Verb in seiner Aktionsart ändern, sind *ent-* (anti = entgegen), *ver-, zer-, be-* und so weiter.

Endlich gibt es eine ganze Reihe von Verben, die mit dem gleichen Wortstamm, heute zum Teil sogar gleichlautend, das eine Mal den Zustand oder das Leiden, das andere Mal das Bewirken dieses Zustands oder Leidens aussagen:

Er fällt den Baum. – Der Baum fällt.
Sie setzt das Kind. – Das Kind sitzt.
Er hängt Wäsche (auf). – Die Wäsche hängt.
Sie tränkt die Kühe. – Die Kühe trinken.

Auffällig ist, daß die Wirkverben alle schwach sind (ihre Vergangenheitsformen ohne Veränderung des Stammvokals nur mit dem Konsonanten *t* bilden, also *fällt, fällte, gefällt*), die Vorgangsverben dagegen stark (mit Veränderung des Stammvokals, also *fällt, fiel, gefallen*). Man nimmt an, daß die sogenannten Faktitiva oder Kausativa (bewirkende oder verursachende Verben) später entstanden sind.[20]

[20] Vergl. Henning Brinkmann, Die deutsche Sprache, Düsseldorf 1962, S. 242 ff.

3. Werden – Tun – Haben – Sein

Ein Werden, ein Geschehen braucht nichts Passives zu meinen.[21] Das lateinische *vertere,* aus dem unser *werden* entstammt, heißt einfach *wenden, wandeln.* Das Wandelnde, Verwandelnde ist es ja auch, das wir an einem Geschehen zuerst wahrnehmen und erfahren. Wir nehmen das Weltgeschehen zunächst als einen Ablauf wahr, als eine Veränderung in der Zeit, ursprünglich noch unabhängig von einem Verursacher oder einem von der Bewegung Betroffenen.

Diesen ursprünglichen Verbcharakter offenbaren die Verben, welche Naturvorgänge bezeichnen und meist mit dem unpersönlichen *es* verbunden werden können: *regnen, schneien, blitzen, donnern, stürmen, rauschen, wachsen, leben, sterben, blühen, brennen* und so weiter.

Als Mensch werde ich von diesem Weltgeschehen betroffen, dann wandelt sich das Weltenwerden in ein Menschenerfahren. Es wird dann als auf den Menschen Zukommendes erlebt, der Mensch selber ist passives Objekt:

Es windet.	*Es wird mir kalt.*	*Ich friere*	*Ich bin durchfroren.*
Es raucht.	*Es wird mir schwindlig.*	*Ich ersticke fast.*	*Ich bin am Ende.*
Es brennt.	*Es wird mir heiß.*	*Ich atme schwer.*	*Ich bin erhitzt.*

In der ersten Gruppe spricht sich das Weltgeschehen aus, in der zweiten erlebt es der Mensch als ein auf ihn zukommendes Werden *(Es wird mir).* In der dritten Gruppe drückt sich ebenfalls das auf ihn zukommende Werden aus, der Mensch empfindet sich aber gleichzeitig als Subjekt *(Ich erfahre das Werden),* und schließlich stellt man in der letzten Gruppe die Wirkung, das Ergebnis des Werdens als den Zustand des Durchfrorenseins und so weiter fest.

Nun gibt es einen polaren Ausgangspunkt: statt Weltenwerden Menschentun. *Ich gehe, ich bleibe, ich verschwinde, ich lebe, ich wandere*

---

[21] Vergl. für das folgende Heinz Rupp, Zum deutschen Verbalsystem, in: Sprache der Gegenwart 1, Mannheim 1967, S. 148 ff.

und so weiter drücken die Verbundenheit der Bewegung mit einem Menschenwesen, mit einem Subjekt aus. Wie bei den Es-Verben der Vorgang im Zentrum steht ohne Hinsicht auf die Wirkung, auf einen Bezugspunkt, so ist es auch mit diesen Ich-Verben. Sie müssen nicht über sich selber hinausgreifen. Erst der zielvoll handelnde Mensch begegnet aktiv der Welt, beeinflußt oder verändert sie oder hält ihre Wirkung an. Wir können die obige Reihe in diesem Sinne ergänzen:

Es windet.	*Es wird mir kalt.*	*Ich ziehe den Mantel an.*	*Jetzt bin ich wieder durchwärmt.*
Es raucht.	*Es wird mir schwindlig.*	*Ich reiße das Fenster auf.*	*Jetzt atme ich wieder frei.*
Es brennt.	*Es wird mir heiß.*	*Ich lösche das Feuer.*	*Jetzt ist wieder Ruhe.*

Der Mensch begegnet dem Werden mit einem von ihm ausgehenden Wirken. *Anziehen, aufreißen, löschen* zielen auf die Welt, verändern ein Stück von ihr, wirken zu deren Beherrschung. Damit haben wir eine neue Kategorie des Verbes erkannt, die sich aus dem Weltenwerden als selbständiges Menschentun herauslöst.

Auch diese Kategorie gliedert sich in zwei Arten – man nennt die Tätigkeitswörter ohne notwendigen Bezug zu einem Objekt *intransitiv*, diejenigen mit einer Objektergänzung *transitiv*. Bezeichnend für die deutsche Sprache ist, daß bis in die Namengebung in der Grammatik von dem Tatmodell ausgegangen wird. Das Menschentun wird als das Urbild und als Ausgangspunkt alles verbalen Geschehens empfunden. Man nennt das Verb Tätigkeitswort und bildet den größten Teil der Sätze nach dem «Ich-tue»-, das heißt Subjekt-Prädikat-Modell, nicht nach dem «Es-geschieht-mir»-Modell. Somit gliedert sich das ursprüngliche *Werden* in vier Entwicklungsformen:

1. Weltenwerden
   a) Reiner Weltvorgang
   (Es regnet.)
   b) Weltenwirken–Menschenleiden
   (Es wird mir kalt.)

2. Menschentun
   a) Reine Menschentätigkeit
   (Ich gehe.)
   b) Menschenwirken – Weltenleiden
   (Ich lösche das Feuer.)

Was hier in Welten- und Menschenbereich auseinandergehalten wurde, durchdringt sich natürlich in der Sprachwirklichkeit ständig: Auch der Welt wird Tun beigelegt *(Die Sonne geht ihre Bahn)*, und der Mensch wird auch das Objekt des anderen Menschentuns *(Sie wird von ihm gegrüßt)*. Hier ging es nur darum, das Modellhafte zu zeigen. Man kann sich gut vorstellen, daß es eine Bewußtseinsstufe des Menschen gab, in der er zwischen dem *regnen* und dem *gehen* in der Richtung noch nicht unterschieden hat, weil er sich mit beidem als einem Geschehen identifizierte. Erst mit der Erfahrung, daß sich Ich und Welt gegenüberstehen, erst mit dem Bewußtsein der Selbständigkeit, spaltet sich das Verbale in eine Werde- und eine Tun-Perspektive.

Wir haben oben das Sein als das Ergebnis eines Werdens beschrieben. Das gleiche können wir natürlich auch vom Tun aussagen. Auch das Tun führt zu einem neuen Zustand. Dennoch dürfen wir uns fragen, ob es nicht eine Sprachform gibt, welche zum Ausdruck bringt, daß es sich um das Ergebnis einer Tätigkeit handle. Wie kann man die aktive Beziehung des Täters zum Getanen ausdrücken, zum Ergebnis seines Tuns?

Nehmen wir als Beispiel die Tätigkeit des Brotbackens. *Der Bäcker bäckt Brot.* Das Ergebnis dieser Tat ist das gebackene Brot: *Das Brot ist gebacken.* Das kennen wir schon. Damit hat sich aber das Tun bereits objektiviert in dem allgemeinen Sein. Dem Bäcker aber steht das Brot nach dem Backprozeß zur Verfügung: Er hat es, er hat gebackenes Brot. Das *Haben* offenbart die Verfügung, die das Subjekt über ein Objekt hat und weist auf ein abgeschlossenes Tun hin. Man vergleiche:

Ich habe die Meinung. – Ich bin der Meinung.
Ich habe einen Zorn. – Ich bin zornig.
Ich habe Hunger. – Ich bin hungrig.

Im *Haben* empfinden wir die aktive subjektive Beziehung zum Objekt (Meinung, Zorn, Hunger), im *Sein* die objektiv zukommende Beziehung. Wenn ich sage: *Er hat die Meinung,* dann spüre ich im Hintergrund eine Tätigkeit, zum Beispiel *Er hat sich die Meinung gebildet.* Höre ich den Satz *Er ist der Meinung,* so empfinde ich viel mehr eine Kennzeichnung des Subjekts, ich empfinde, daß eine Eigenschaft oder ein Tatbestand dem Subjekt zukommt.

Fassen wir nun alle gewonnenen Perspektiven des Verbums zusammen, so erhalten wir folgende Übersicht:

Bewegungspol	*Ruhepol*
Geschehen – Werden	Zustand – Sein
= künftiges Sein	= vergangenes Werden

passives Werden – aktives Tun ergibt: passives Sein – aktives Haben

Es ergeben sich so vier Perspektiven, die sich aus der Polarität von Geschehen und Zustand entfalten und mit den vier allgemeinen Verben *werden, tun, haben und sein* benannt werden können. Als eine Zusammenfassung sei ein gleichbleibender Inhalt allen vier Perspektiven unterstellt, und man erlebe dabei die unterschiedlichen Nuancen:

Werden	*Tun*	*Haben*	*Sein*
Es erzürnt mich.	Ich zürne.	Ich habe einen Zorn.	Ich bin zornig.
Es scheint mir.	Ich meine.	Ich habe die Meinung.	Ich bin der Meinung.
Es ängstigt mich.	Ich ängstige mich.	Ich habe Angst.	Es ist mir angst.
Es hungert mich.	Ich hungere.	Ich habe Hunger.	Ich bin hungrig.

Es ist einleuchtend, daß gerade diese vier Grundverben am Aufbau der Verbformen eine bedeutende Rolle spielen, denn ihr Inhalt ist so allgemein und, wie wir gesehen haben, so urbildlich, daß man sie als Formprinzipien innerhalb des Verbalsystems brauchen kann. Man erkennt hier ein Grundelement der Formbildung überhaupt: Konkreter Inhalt wird abstrahiert, verallgemeinert und kristallisiert sich dadurch zur grammatischen Form. Wenn wir heute ein Verhältnis zu den grammatischen Formen gewinnen wollen, müssen wir umgekehrt vorgehen und in den Formen den verborgenen Inhalt suchen. Das soll im folgenden am Beispiel des Passivs und der zusammengesetzten Zeitformen gezeigt werden.

4. Beispiel der Perspektiven

Versetzen wir uns einmal in die Lage eines Bauernsohnes, der nach Jahren wechselvoller Erlebnisse nach Hause zurückkehrt, gerade den väterlichen Hof betritt und voller Spannung auf die Dinge wartet, die da kommen. Er hat vieles hinter sich, das wirkt nach, aber jetzt lebt er ganz in der Erwartungsstimmung. Erinnerung und Erwartung ziehen durch seine Seele. Seine jetzige Lage ist geprägt durch eigene Leistungen und durch das, was er von der Welt vorfindet; was ihm geworden ist und was er getan hat, bildet seinen gegenwärtigen Zustand, in dem sich ein neues Werden oder Tun ankündigt. Wir denken uns ein mögliches Selbstgespräch des Mannes.

Er stellt seine Rückkehr fest, eben bezeichnet er die letzte Etappe, das Durchschreiten des Flures. Jetzt schaut er sich um. Vielleicht ist er so müde, daß er sich auf eine Bank neben der Tür setzt und die Bilder der Vergangenheit an sich vorbeiziehen läßt, so daß er allmählich seine jetzige Umgebung vergißt und nur in der Erinnerung lebt: *Ich durchschritt den Flur*, stellt er, aus seiner Erinnerung in die Gegenwart erwachend, fest. Vielleicht ist er schon dabei, die Türklinke zu drücken, da zögert er noch einen Moment und stellt fest: *Ich bin zurückgekehrt, ich habe den Flur durchschritten. Jetzt bin ich tatsächlich da.*

Er verweilt nicht in der Vergangenheit, sondern stellt das Vergangene in seiner Wirkung, als ein jetzt gültiges Resultat, fest. Das eine Mal als ein Sein, als einen Zustand, der ihm geworden ist *(Ich bin zurückgekehrt, ich bin da)*, das andere Mal als ein Haben, das noch die vollbrachte eigene Leistung durchschimmern läßt: *Ich habe den Flur durchschritten. Dank dieser Leistung kann ich mich jetzt hier aufhalten, der Flur liegt hinter mir.* Nun blickt er sich um und erkennt viele Dinge, die ihm von früher her bekannt sind. Die Dinge sind noch gleich, aber er hat sich verändert.

Immer wieder spielen Erinnerung, Erwartung und die Welt der gleichbleibenden Dinge ineinander. Lebt er mehr in der Gegenwart und im Blick auf das Kommende, dann bekommt das Vergangene auch einen Gegenwartscharakter, indem er einfach den Vollzug, den Abschluß als ein gegenwärtiges Sein oder Haben feststellt. Das Geschehen hat den jetzigen Zustand bewirkt.

Nun stellt er sich verschiedene Möglichkeiten vor: *Wer wartet wohl hinter der Tür? Empfängt mich jemand? Wird mir jemand die Hand schütteln?*

All das hat den Charakter des Unsicheren, weil es sich ja erst in Zukunft erweisen kann. Wenn jemand wartet, dann *er*wartet er auch jemand oder etwas, er wendet sich einem Werdenden, Kommenden zu. Das liegt schon im Warten drin.

Ich warte, bis er kommt. Jetzt kommt er. – Das Erwarten beginnt sich zu erfüllen.

Jetzt ist er gekommen. – Das Erwarten hat sich erfüllt.

Was man sich in der Zukunft vorstellt, kann sich immer nur durch ein Tun oder Werden, niemals durch ein Sein erfüllen. Wenn sich unser Heimkehrer fragt: *Wer wird mich empfangen?,* dann stellt er das Empfangen in den objektiven Werdestrom und grenzt es so vom gegenwärtigen Sein ab.

Weil sich diese Ausdrucksweise als Form schon stark abgewetzt hat, empfinden wir die Werde-Perspektive kaum mehr. Trotzdem steht als Modell dahinter: *Wer wird ein mich Empfangender?* Er könnte allerdings auch sagen: *Wer empfängt mich?* Dann erlebte er den Zukunftscharakter der Wortart, die Zukunft würde sich ohne Bruch aus dem gegenwärtigen Tun ergeben: *Ich bin zurückgekehrt. Jetzt bin ich da. Wer wartet auf mich? Wer wird mich empfangen?*

Leise schwingt im letzten *Werden* auch das abwägende Gefühl, die Vermutung mit (Wer wird *wohl?*). Was hinter der Tür ist, hat für unseren Freund alles den Charakter des Unsicheren, auf ihn Zukommenden. Wir haben uns damit in die Welt des Zeit- und Handlungsbewußtseins begeben.

Franz Kafka hat in einer Art Miniatur einen solchen Monolog geschildert. Ich zitiere zunächst die ersten Sätze:

Ich bin zurückgekehrt, ich habe den Flur durchschritten und blicke mich um. Es ist meines Vaters alter Hof. Die Pfütze in der Mitte. Altes, unbrauchbares Gerät, ineinanderverfahren, verstellt den Weg zur Bodentreppe. Die Katze lauert auf dem Geländer. Ein zerrissenes Tuch, einmal im Spiel um eine Stange gewunden, hebt sich im Wind. Ich bin angekommen. Wer wird mich empfangen? Wer wartet hinter der Tür in der Küche? Rauch kommt aus dem Schornstein, der Kaffee zum Abendessen wird gekocht[22].

Man beachte die feinen Aspektwechsel am Anfang: *Ich bin zurückgekehrt, ich habe den Flur durchschritten und blicke mich um. Es ist meines Vaters alter Hof.*

Zuerst *Sein* als abgeschlossenes Geschehen: *(Ich bin zurückgekehrt), Haben* als abgeschlossene Handlung *(Ich habe den Flur durchschritten), Tun (Ich blicke mich um), Sein* im Dienste der Substantivverknüpfung *(Es ist meines Vaters alter Hof).*

Betrachten wir die Grundformen der im Text verwendeten Verben, dann bekommen wir als weitaus größte Gruppe Verben, die ein Tun ausdrücken. Außer dem *Sein (Es ist meines Vaters alter Hof)* könnte man alle übrigen dieser Gruppe zuweisen. Bei *sich heben, verstellen, warten* und *empfangen* ist es wohl weniger stark als beim *ankommen, zurückkehren, lauern, kochen.*

Vielleicht kann man auch den Doppelaspekt mancher Verben empfinden: *warten* als ein zugleich aktives Tun wie passives Leiden, desgleichen *empfangen, kommen.* Oder ein Doppelaspekt bei *kochen: Das Wasser kocht, ich koche Wasser.*

Achten wir bei den Verben auf die Veränderung der Grundform, dann finden wir deutlich ausgeprägt alle vier Perspektiven:

Werden: *Wer wird mich empfangen? Kaffee wird gekocht.*
Tun: *Ich blicke mich um, die Katze lauert.*
Haben: *Ich habe durchschritten.*
Sein: *Ich bin zurückgekehrt, ich bin angekommen.*

Betrachten wir die beiden letzten Formen, so erkennen wir in ihnen die Grundverben *durchschreiten* und *zurückkehren.* Diese haben sich zu Partizipien der Vergangenheit zusammengezogen und werden nun mit der Gegenwartsform von *haben* beziehungsweise *sein* zu einem neuen

---

[22] Franz Kafka, Heimkehr, in: Beschreibung eines Kampfes, hrsg. von Max Brod, [3]1954, S. 139.

Gebilde verbunden. Wir können dieses Zusammenziehen erkennen, wenn wir jeweils der Tun-Form das Partizip gegenüberstellen:

Ich blicke – ich habe geblickt (blicken – geblickt).
Die Katze lauert – sie hat gelauert (lauern – gelauert).
Ich durchschreite den Flur – ich habe ihn durchschritten (durchschreiten – durchschritten).
Ich kehre zurück – ich bin zurückgekehrt (zurückkehren – zurückgekehrt).
Ich komme an – ich bin angekommen (ankommen – angekommen).

Der Bewegungsablauf ist im ersten Fall aktuell wirksam, im zweiten abgeschlossen, durch das *Haben* und *Sein* aber als ein Erfolgtes wieder aktuell. Was früher Vollverb war, wird Partizip und strebt dadurch zum Substantivbereich *(Ich habe den Flur durchschritten – der Flur ist durchschritten – der durchschrittene Flur),* dafür übernehmen die Hilfsverben *haben* oder *sein* die Aufgabe des Verbes. Damit aber verwandelt sich der Aspekt.

Ich habe den Flur durchschritten heißt: Ich verfüge nun über das Ergebnis, über das vollendete Durchschreiten.

Ich bin zurückgekehrt heißt: Jetzt zeigt sich das abgeschlossene Geschehen als ein bestimmter Zustand. Im Perfekt (perfectum – das Vollbrachte) – so heißt diese Verbform – herrscht der Aspekt des Vorganges (Aktionsart) gegenüber der rein zeitlichen Komponente vor.

Nicht der Gegensatz zur Gegenwart als eine Vergangenheitsform zeichnet das Perfekt aus, sondern der Gegensatz von abgeschlossenem und unabgeschlossenem Vollzug. Das Abgeschlossene erscheint das einemal als ein Haben, Verfügen des Subjekts, das andere Mal als ein zuständlich Erscheinendes. Daß wir dies heute, wenn überhaupt, nur schwach empfinden, liegt daran, daß wir *haben* und *sein* eben bloß noch als Hilfsformen ohne Inhalt brauchen, besonders im gedankenlosen Durchpauken der Verbformen.

Ein Vergleich mit den übrigen Vergangenheitsformen wird den Unterschied zwischen Aktionalität und Zeitbewußtsein verdeutlichen.

5. Die Zeiten

a) Imperfekt – Perfekt

Wenn ich mich ganz bewußt von der Gegenwart absetzen will und meine Erinnerungsvorstellungen aufleben lasse, dann erzähle ich in der einzigen nicht zusammengesetzten Vergangenheitsform, dem Imperfekt: *Wir reisten, wir fuhren, wir hatten, wir badeten, wir staunten, wir kamen.*

Alle diese Formen drücken neben dem Geschehensgehalt aus, daß sich dieses Geschehen in der Vergangenheit zugetragen habe. Sonst nichts.

Ich durchschritt den Flur, ich kehrte zurück meint den Ablauf im Strom der Erinnerungen in deutlicher Opposition zum Jetzt. Das gleiche Prinzip, das uns die Vergangenheit bezeichnen läßt, ermöglicht uns, auch das Substantiv als einen vergangenen Prozeß, als ein Gewordenes, zu formulieren: Es ist die Fähigkeit, zum Weltgeschehen Distanz zu gewinnen, die Fähigkeit zum Weltbegreifen.

Häufig passiert es, daß ich im Erzählen diese Distanz nicht mehr empfinde oder sie als Stilist bewußt aufheben will. Dann wechsle ich in die allgemeine Zeit des Präsens. Das aktualisiert, gibt die Spannung wieder.

Es war Nacht, alle lagen im Bett und schliefen, als ein markerschütternder Schrei alle aufweckt ...

Im Übergang vom Epischen zum Dramatischen treffen wir diesen Wechsel oft an. Das Dialogische, Aktionelle drängt immer zur Gegenwart und verdrängt das unterscheidende Zeitbewußtsein. Goethes Ballade «Der Erlkönig» lebt ganz aus diesem dramatischen dialogischen Prinzip, und ist ganz im Präsens gedichtet, auch in den erzählenden Passagen. Mit dem letzten Satz jedoch setzt Goethe die Distanz durch das Imperfekt, wie um das Aufwachen aus diesem elementaren Geisterritt zu markieren und den physischen Aspekt davon mitzuteilen:

Dem Vater grauset's, er reitet geschwind,
Er hält in Armen das ächzende Kind,
Erreicht den Hof mit Mühe und Not;
In seinen Armen das Kind war tot.

Der letzte Satz führt vom dramatischen zum epischen Empfinden. Im Alltagsgespräch hören wir sehr häufig Erlebnisberichte ausschließlich im Präsens. Wenn eine Vergangenheitsform gewählt wird, dann bevorzugt man in der Regel das Perfekt. Das erstaunt zwar, denn als umschriebene Form ist es ja umständlicher als das einfachere Imperfekt. Sicher bewirkt aber eben der Aktualitäts- und Gegenwartsbezug die Wahl des Perfekts.

Wenn ich zum Fenster hinausschaue und feststelle, daß es naß ist, dann sage ich vielleicht: *Es hat geregnet. Es ist ganz naß.*

In beiden Sätzen stelle ich etwas fest, was jetzt gilt. Ich brauche mich also vom Jetzt überhaupt nicht zu entfernen. Leicht kann ich beiden Sätzen eine Gegenwartsbezeichnung beifügen: *Jetzt hat es (doch tatsächlich) geregnet – Jetzt ist es naß.* Ganz anders, wenn ich mich in die Vergangenheit zurückversetze, mich von der Gegenwart absetze und erzähle: *Es regnete den ganzen Tag, wir wurden ganz durchnäßt.*

Ein feines Stilmittel kann es sein, wenn als Abschluß einer Reihe von Imperfektformen ein Perfekt steht, besonders dann, wenn die Erzählung damit abgeschlossen wird. Folgende zwei Beispiele mögen dies veranschaulichen:

So ging denn der tote grüne Heinrich den Weg hinauf in den alten Kirchhof, wo sein Vater und auch seine Mutter lagen. Es war ein schöner freundlicher Sommerabend, als man ihn mit Verwunderung und Teilnahme begrub, und es ist auf seinem Grabe ein recht frisches und grünes Gras gewachsen.[23]

Die Gegenwart des Amtmannes und seine Anstalten tuschten einen Auflauf. Nachts gegen eilfe ließ er ihn an die Stätte begraben, die er sich erwählt hatte. Der Alte folgte der Leiche und die Söhne, Albert

[23] Gottfried Keller, Der grüne Heinrich.

vermocht's nicht. Man fürchtete für Lottens Leben. Handwerker trugen ihn. Kein Geistlicher hat ihn begleitet.[24]

Man denke sich die Reihen mit einem weiteren Imperfekt abgeschlossen: *Es war ein schöner freundlicher Sommerabend, als man ihn mit Verwunderung und Teilnahme begrub, und es wuchs auf seinem Grab ein recht frisches und grünes Gras.*

Und: *Man fürchtete für Lottens Leben. Handwerker trugen ihn. Kein Geistlicher begleitete ihn.*

Abgesehen von rhythmischen Unterschieden würde in diesem Fall die Geschichte in der Vergangenheit verklingen. Das Perfekt dagegen setzt einen Punkt. Wir verlassen mit ihm die Erinnerungsstufe, der Vergangenheitsstrom gerinnt. Ganz stark erlebt das Kind dieses Aufwachen ins Jetzt, wenn es den Märchenschluß hört: *Sie feierten eine prächtige Hochzeit und verlebten noch manche glücklichen Tage. Und wenn sie nicht gestorben sind, leben sie heute noch.*

b) Plusquamperfekt

Die Form des Plusquamperfekts verwenden wir nur als relative Zeit, indem wir innerhalb des Vergangenen ein Vorher und Nachher unterscheiden: *Nachdem es geregnet hatte, schwoll der Neckar an.*

Im Gegensatz zum Latein, das ein ausgesprochen feines Gefühl für die Zeitstufen entwickelt hat, vernachlässigen wir im Deutschen solche Unterschiede oder machen sie mit den Zeitbezeichnungen *vorher, nachher, danach, zuvor* und so weiter deutlich.

Während wir im Perfekt und Imperfekt zwei Möglichkeiten zur Auswahl haben, sind wir im Plusquamperfekt gezwungen, die Vorzeitigkeit mit dem Imperfekt von *haben* und *sein* zu umschreiben. Der Name Plusquamperfekt – «mehr als Perfekt» – ist deswegen irreführend, weil diese Form nicht nur in bezug zum Perfekt, sondern mehr noch in bezug zum Imperfekt als «Vorvergangenheit» lebt.

---

[24] Johann Wolfgang Goethe, Werthers Leiden.

c) Futur I

Was ermöglicht es einer Mutter, ihrer Tochter zu sagen: *Um sechs Uhr wirst du zu Hause sein?* Ganz sicher, daß sie in der Lage ist, sich ein Geschehen vorzustellen, das noch gar nicht stattgefunden hat, sondern sich erst in der Zukunft verwirklichen soll.

Auch für die Vergangenheitsform brauchen wir Vorstellungsvermögen, damit wir zu Erinnerungsvorstellungen kommen können. Für die Zukunft vermischen sich die Vorstellungen mit Erwartungen, Wünschen, Vermutungen. Die tatsächliche Erfüllung der Vorstellung ist in der Vergangenheit gegeben, in der Zukunft eben offen, sie hängt von manchen Umständen ab.

So kann etwa der Wille der Mutter das Kind veranlassen, tatsächlich um sechs Uhr nach Hause zu kommen. Oder es hat ohnehin genug vom Draußensein, es will selber. Oder aber es verletzt sich beim Spiel und kommt früher zurück, oder endlich es vergißt sich beim Spielen und kommt zu spät. Man kann sich noch manche Eventualitäten denken. Sie bestimmen von subjektiver und objektiver Seite her die in die Zukunft projizierte Vorstellung.

Als Erlebender fasse ich nur Gegenwart. Als Vorstellender und Denkender fasse ich Zukunft und Vergangenheit. Daher kann man die Gegenwart so schwer fixieren. Wenn ich sage: *Jetzt betritt er das Zimmer*, stimmt der Satz, wenn ich ihn ausgesprochen habe, schon nicht mehr, das Betreten ist bereits Vergangenheit.

In meinem subjektiven Empfinden jedoch erlebe ich Gegenwart als das Aktuelle und spreche daher mit der Form des Präsens unabhängig von der objektiven Zeit, das aus, was ich als aktuell empfinde. Wenn ich in einer Regieanweisung lese: *Er stirbt,* dann ist damit ein Augenblick gemeint: Gerade jetzt stirbt er, wenn der Zuschauer auf die Bühne sieht. Wenn dann aber der Sterbende als letztes sagt: *Kurz ist der Schmerz und ewig ist die Freude*[25], dann drückt das eine ganze Zukunft in der Gegenwart aus. Schließlich wenn ich feststelle: *Seit Urzeiten umkreist der Mond die Erde,* dann nehme ich die Vergangenheit ins Präsens auf.

---

[25] Friedrich Schiller, Jungfrau von Orléans.

Man kann sich durch solche Beobachtungen gut denken, wie sich aus dem aktuellen Leben in der Gegenwart heraus die Formen für die Aktionsarten gebildet haben, wie dann das Bewußtsein der Gegenwärtigkeit als Abgrenzung von der Nichtgegenwart entstanden ist und sich erst danach die Formen und damit das Bewußtsein von einem Gegenwärtigen, Zukünftigen und Vergangenen gebildet haben.

Es gibt heute noch Sprachen, die nur zwischen Gegenwart und Nichtgegenwart unterscheiden. Das würde dann die verschiedenartige Verwendung des Präsens erklären, weil sich darin ganz verschiedene Ebenen, das Aktionelle, das Temporale und das Allgemeine, äußern können.

Kehren wir nach dieser Grundsatzbetrachtung noch einmal zu unserer Mutter zurück. Wir könnten uns die Aussage: *Um sechs Uhr wirst du zu Hause sein* auch als das letzte Stück eines Wortwechsels denken:

Kind: *Ich gehe ins Bad.*
Mutter: *Aber um sechs Uhr bist du zu Hause.*
Kind: *Ja, ich will schauen.*
Mutter: *Um sechs Uhr wirst du zu Hause sein!*

Das letzte *(Du wirst zu Hause sein)* hat etwas Zwingenderes als das erste *(Du bist zu Hause)*. Es klingt wie ein Befehl oder ein für das Kind unabänderliches Fa(k)tum. Das *wird* grenzt stärker ab und profiliert dadurch die Aussage. Wenn das Kind statt *«Ich gehe ins Bad» «Ich werde ins Bad gehen»* sagt, so empfinden wir auch da eine Abgrenzung zur Gegenwart und dadurch stärkere Betonung.

Vom Sprachgebrauch her müssen wir sagen, daß wir im Deutschen das Zukünftige entweder durch das Präsens oder durch eine Umschreibung mit *werden* bezeichnen. Im Gegensatz zum Französischen, das die drei Hauptzeiten Gegenwart, Zukunft und Vergangenheit nur durch die Endung unterscheiden kann, ist im Deutschen eine eigene Endung für die Zukunft wohl auf einer frühen Stufe verlorengegangen. In alt- und mittelhochdeutscher Zeit ist man noch ganz frei in der Art, wie man das Zukünftige umschreibt. Manchmal mit *wollen*, mit *mögen*, mit *können*, mit *sollen* oder mit *werden*. Erst in der neuhochdeutschen Zeit erstarrte die Werdeform, wohl unter dem Einfluß des

Latein und des Französischen. Sie ist aber eine bis zum heutigen Tag gegenüber dem Präsens als Bezeichnung von Zukünftigem nicht besonders häufig angewendete Ersatzform geblieben.

Interessant ist der Vergleich mit dem Englischen. Dort erstarrten *sollen* und *wollen (will/shall)* zu Hilfsverben für die Zukunft. Je nach Bedarf und Sachlage kann zukünftiges Tun mehr mit dem Charakter des Wollens oder des Sollens getönt werden.

Beim Deutschen *werden* hat sich die Umschreibung von dem subjektiven Bereich *(wollen* und *sollen)* gelöst, mit der Werde-Form stellt sich die Handlung in einen objektiven Weltprozeß. Man stellt das Verwandlungsprinzip, das unabhängig von einem Subjekt wirkt, in den Vordergrund. *Ich werde kommen: ich werde ein Kommender, es wird aus mir ein Kommender.*

d) Futur II

So wie das Zeitverhältnis innerhalb des Vergangenen durch die Opposition von Imperfekt/Perfekt und Plusquamperfekt ausgedrückt wird, so gibt es mindestens vom Grundmodell her die Möglichkeit, innerhalb des Zukünftigen zwei Zeitstufen zu unterscheiden.

Sie wird gehen. – Sie wird gegangen sein.
Sie wird arbeiten. – Sie wird gearbeitet haben.

Man nennt diese Form Futur II. Sie wird gebildet, indem sich das Werden mit der Perfekt-Grundform verbindet. Das Futur II ist im Deutschen noch viel seltener als das Futur I und hat zudem noch meist eine subjektive Komponente.

Man unterhält sich über einen Dritten: *Ist er noch da? – Ich glaube nicht, er wird gegangen sein.* Das heißt *vermutlich, wohl, wahrscheinlich.*

Da in der deutschen Sprache das logische Zeitverhältnis vernachlässigt werden kann und zudem das Futur II eine komplizierte Form ist, wird es kaum gebraucht. Seine Funktionen übernimmt das Perfekt, oder das Zeitverhältnis wird im Präsens ganz verwischt: *Wie komme ich am besten zum Bahnhof? – Da gehen Sie hundert Meter gerade-*

aus. Dann werden Sie links ein großes Gebäude sehen. Wenn Sie dieses Gebäude passiert haben, biegen Sie links in die kleine Seitenstraße ein. Wenn Sie noch zweihundert Meter weitergehen, sehen Sie direkt vor sich den Bahnhofseingang.

e) Die «Zeiten» im Überblick

Damit haben wir sechs Verwandlungsformen des Verbes, die wir «Zeiten» nennen.

Einen reinen Zeitcharakter hat aber nur das *Imperfekt.* Es bezeichnet die Erinnerungsstufe im Gegensatz zur Aktualität, die im Präsens formuliert wird.

Zukünftiges sprechen wir aus, indem wir das Verb mit *werden* umschreiben *(Futur I),* oder aber wir verwischen die Grenzen und brauchen das Präsens, allenfalls in Verbindung mit einer Zeitbezeichnung.

Im *Perfekt* stellen wir ein erfolgtes, abgeschlossenes Geschehen als gegenwärtiges *Haben* oder *Sein* fest.

Das *Plusquamperfekt* gibt als relative Zeitform innerhalb der Vergangenheit die Vorzeitigkeit wieder und ist formal die Vergangenheitsform des Perfekts.

Das *Futur II* gibt die Vorzeitigkeit im Bereich des Zukünftigen wieder und hat meist eine modale Färbung. Es wird gebildet, indem der Infinitiv des Perfekts mit der Werdeform verbunden wird.

6. Das Genus: Aktiv – Passiv – Reflexiv

a) Aktiv – Passiv

Neben dem Futur gibt es in unserem Verbalsystem noch eine Form, die wir mit dem Hilfsverb *werden* bilden: das Passiv. Wir erinnern uns an den Maler von Seite 28, der an seinem Bild arbeitet, und an die beiden Duellanten. Als Zuschauer haben wir grundsätzlich zwei Möglichkeiten: Entweder wir wenden uns auf die eine Seite oder auf die andere. Wir können sogar diesen Standpunkt gemäß dem Geschehen sehr rasch wechseln, zum Beispiel bei dem Duell.

Beim Malatelier sehe ich, wie auf der einen Seite der Maler arbeitet, auf der anderen Seite, wie ein Bild entsteht: *Tun* auf der einen und *Werden* auf der anderen Seite. Der gleiche Prozeß polarisiert sich in zwei Richtungen: auf mich zukommende und von mir ausgehende Bewegung.

Ich kann das ganz plastisch und augenfällig erleben, wenn ich einem Tennisspiel zuschaue. Ich sehe, wie der eine Spieler mit dem Schläger den Ball schlägt, ich verfolge diesen im Flug über das Netz, nehme jetzt den Gegner wahr, auf den der Ball zukommt und der sich darauf einstellt, den Ball wiederum auf die Gegenseite zu bringen. *Werden* und *Tun*, *Tun* und *Werden* in raschem Wechsel.

Es gibt nun Verben, die von Natur aus einen Werde-Charakter haben: *regnen, donnern, wachsen, geschehen.* Die können natürlich nicht ins Passiv gesetzt werden, weil sie schon diesen Charakter haben. Ein Zustand ist jenseits der beiden Aktionsrichtungen, ein Sein ist weder aktiv noch passiv. Daher kann es auch nicht ins Passiv gesetzt werden.

Auf der anderen Seite haben wir Verben kennengelernt, die ein Menschentun ausdrücken, ohne Rücksicht auf ein Objekt: *gehen, stehen, laufen, springen.* Die können wir ins Passiv setzen, so daß eine polare Richtung entsteht:

Ich gehe. – Es wird von mir gegangen.
Ich springe. – Es wird von mir gesprungen.
Ich laufe. – Es wird von mir gelaufen.

Das Tun löst sich vom Täter und wird zum Vorgang: Der Satz wird unpersönlich. Das *Ich tue* wandelt sich zum *Es wird.*

Eine vollständige Umkehrung der Geschehensrichtung haben wir im Handlungssatz: *Der Bäcker bäckt Brot. – Brot wird vom Bäcker gebacken.*

Wir wenden unser Bewußtsein vom Täter zu dem von dessen Tat Betroffenen und erleben von dieser Seite die Tat als ein Erleiden, ein Erfahren. Ich mache dadurch das Objekt zum Subjekt, das heißt, was vom Subjekt ausgeht, kommt auf das Objekt zu, das Objekt wird zum Subjekt des Leidens, während das Subjekt zum Quell, zur Herkunft des Leidens wird *(vom Bäcker).*

Wenn wir mit vollem Bewußtsein eine Aktivform in die entsprechende Passivform verwandeln, dann begleiten wir erlebend zuerst ein Zielen auf die Welt, ein Zielen auf das Gegenüber, und anschließend erfahren wir die Wirkung, welche dieses Zielen für die Welt, das Gegenüber hat, erleben die Bedeutung des Tuns für den anderen. Das ist ein Gedanke, der für den Sprachunterricht bedeutende Konsequenzen haben kann, wenn man ihn pädagogisch fruchtbar macht.

b) Das Reflexive

Es läßt sich nun neben diesen beiden Richtungen – vom Täter ausgehend/auf das Objekt zukommend – noch eine dritte Möglichkeit denken. Zunächst wollen wir uns an die Aussagen erinnern, die unter der Seinsperspektive stehen, sie entziehen sich aber weitgehend der Polarität von Aktiv und Passiv.

Wenn man ein geometrisches Bild verwenden wollte, könnte man im *Tun* und *Werden* konträr gerichtete Strahlen, im *Sein* etwas Flächiges sehen. Nun kann man sich aber innerhalb des gerichteten Strahls als eine zusätzliche Möglichkeit denken, daß der Strahl, der von einem Zentrum ausgeht, wieder zu diesem Zentrum zurückkommt.

Die Tätigkeit richtet sich dann auf den Täter selbst, wenn man sich diesen Vorgang ganz zusammengezogen vorstellt. Man kann dann sagen, daß der Täter und die Welt, auf welche der Täter mit seiner Tat zielt, ein und dasselbe sind. So kommen wir zu dem Begriff des Reflexiven.

Die Mutter wäscht das Geschirr, sie wäscht die Wäsche, sie wäscht das Kind. Am Abend wäscht sie sich.

Wenn ich mich zu lange im Museum aufhalte, dann halte ich den Aufseher auf, und weil der sich nicht zu lange aufhalten will, schickt er mich fort.

An diesem Beispiel sieht man, wie nahe das Reflexivum in den Bereich des Seins kommt, und zwar in das Imperfektive, in die Dauer. So kann ich ohne weiteres sagen: *Die Mutter badet das Kind. – Das Kind wird gebadet.* Daneben können das Kind und die Mutter auch baden und befinden sich dann in einer bestimmten zuständlichen Tätigkeit.

In früheren Sprachstufen gab es neben dem Passiv tatsächlich eine verbale Form, die das Reflexive bezeichnete, man nennt es in der Sprachwissenschaft das Medium. Es ist im Griechischen noch voll erhalten, im Latein in den sogenannten Deponentien als Überbleibsel noch ersichtlich (passive Form mit meist reflexiver oder aber aktiver Bedeutung).

Während sich im Futurum *werden* mit der neutralen Grundform verbindet, tritt es im Passiv zum Partizip II (Perfekt). Damit rückt gegenüber dem Futurum das Passiv stärker in die substantivische Sphäre innerhalb des Verbalen und gleicht dem Perfekt des Aktiven: *Der Bäcker hat gebacken – Das Brot wird gebacken – Der Bäcker wird backen.*

Mit dem Futurum hat es das *werden*, mit dem Perfekt das Partizip gemeinsam. Man kann gespannt sein, wie nun das Passiv als Futurum und als Perfekt aussieht.

Brot wird gebacken – Brot wird gebacken werden.

Werden verbindet sich mit dem *werden*. Aber es ist nicht beide Male das gleiche *werden*. Im einen Fall, in dem flektierten, meint es «geschehen, vorgehen», im zweiten, dem Infinitiv, «erleiden, an das Geschehen hingegeben sein». Es versteht sich von selbst, daß diese Form sehr selten ist. In dem ersten *wird* empfindet man das Futurische und das Passivische, weswegen das zweite oft weggelassen wird. Natürlich spielt dabei auch die Abneigung gegen die komplizierte Umschreibung eine Rolle.

Das Perfekt wird gebildet, indem das *werden* in die Seins-Perspektive verwandelt wird. *Das Brot wird. – Das Brot ist geworden.*

Dazu kommt noch das Partizip des Verbes backen. *Das Brot ist ein gebackenes geworden, ist zu einem gebackenen geworden* – abgekürzt: *ist gebacken worden.*

Wenn mich nur noch das Ergebnis interessiert, nur noch der Zustand, in den das Brot aufgrund der Tätigkeit des Backens gekommen ist, dann verzichte ich auch noch auf das Partizip von *werden* und sage einfach: *Das Brot ist gebacken.*

Damit rückt dieses Perfekt – man nennt es «Zustandspassiv» – ganz an das entsprechende Perfekt des Aktiv.

Formal ist überhaupt kein Unterschied zwischen den Sätzen: *Das Brot ist gebacken* und *Der Brief ist gekommen.* Den strukturellen Unterschied merken wir dadurch, daß wir dem ersten ein *worden* anfügen könnten, dem zweiten nicht *(Er ist gekommen worden).*

Damit hat sich uns wiederum gezeigt, daß die vier Grundperspektiven von *werden* und *sein,* von *tun* und *haben,* durch alle Formen des Verbums hindurchwirken. Aktionsarten, Tempora (Zeiten) und Genera (Aktiv–Passiv) werden von diesen Aspekten durchdrungen.

Wir bekommen Brot. Das Brot wird hart. Es wird uns sättigen. – Werden-Aspekt.

Wir essen Brot. Der Bäcker bäckt Brot. – Tun-Aspekt.

Wir sind am Essen. Das Brot ist hart (geworden). Es ist gebacken (worden). Es ist schmackhaft geblieben. – Sein-Aspekt.

Wir besitzen gutes Brot. Wir haben hartes Brot. Der Bäcker hat es gebacken. Wir haben es gegessen. – Haben-Aspekt.

7. Das Modale: Imperativ – Indikativ – Konjunktiv

Kehren wir noch einmal zu dem vorigen Text von Kafka zurück. Wir erfahren als Leser zunächst einmal verschiedene Tatsachen: Wir vernehmen, daß der Erzähler einen Flur durchschritten habe und jetzt vor dem väterlichen Hof stehe. Auch von diesem Hof lernen wir manche Einzelheit kennen. Dann aber wechselt der Erzähler seine Haltung. Nach all den Feststellungen beginnt er über seinen Zustand, besonders aber über seine Zukunft zu rätseln. Sie ist ihm ganz ungewiß. Was soll aus mir werden?

Er stellt sich vor, als freudiger Heimkehrer durchschritte er jetzt unbesonnen die Grenze zur Zukunft, verschaffte sich durch eigenes Handeln Gewißheit, öffnete die Tür, träte über die Schwelle, begrüßte seine Angehörigen, setzte sich an den Tisch und erzählte seine Erlebnisse. So könnte man sich den Fortgang der Geschichte denken.

Es könnte ihn aber auch eine leise Angst vor der Zukunft beschleichen, er könnte zögern und auf das Kommende warten. Dann stellte er sich in seinen Gedanken die verschiedenen Möglichkeiten vor, malte sich die Zukunft aus, Wünsche wechselten mit Hoffnungen, Vorstellungen entstünden und vergingen, zum Beispiel: *Wie wäre es, wenn ich die Tür öffnete. Aber sie ist noch zu. Wenn jemand käme, dürfte er mich nicht überraschen, also stelle ich mich so, daß ich nicht überrascht werden kann.*

Je länger unser Heimkehrer in dieser Haltung wartete, je länger er sich in bloße Vorstellungen von der Zukunft verlöre, um so unsicherer würde er, um so unfähiger zu handeln. Es wäre so, wie wenn man sich vorgenommen hätte, ins Wasser zu springen: Je länger man mit dem Sprung zuwartet, um so häufigere Könnte-, Würde- und Möge-Vorstellungen beschleichen einen und hindern am Sprung. Der Heimkehrer wird sich selber fremd. Kafka schildert hier ein Stück seiner eigenen Lebenstragik:

Ich bin zurückgekehrt, ich habe den Flur durchschritten und blicke mich um. Es ist meines Vaters alter Hof. Die Pfütze in der Mitte. Altes, unbrauchbares Gerät, ineinanderverfahren, verstellt den Weg zur Bodentreppe. Die Katze lauert auf dem Geländer. Ein zerrissenes Tuch, einmal im Spiel um die Stange gewunden, hebt sich im Wind. Ich bin angekommen. Wer wird mich empfangen? Wer wartet hinter der Tür in der Küche? Rauch kommt aus dem Schornstein, der Kaffee zum Abendessen wird gekocht. Ist dir heimlich, fühlst du dich zu Hause? Ich weiß es nicht, ich bin sehr unsicher. Meines Vaters Haus ist es, aber kalt steht Stück neben Stück, als wäre jedes mit seinen eigenen Angelegenheiten beschäftigt, die ich teils vergessen habe, teils niemals kannte. Was kann ich ihnen nützen, was bin ich ihnen, und sei ich auch des Vaters, des alten Landwirts Sohn. Und ich wage nicht, an der Küchentür zu klopfen, nur von der Ferne horche ich stehend, nicht so, daß ich als Horcher überrascht werden könnte. Und weil ich von der Ferne horche, erhorche ich nichts, nur einen leichten Uhrenschlag höre ich oder glaube ihn vielleicht nur zu hören, herüber aus den Kindertagen. Was sonst in der Küche geschieht, ist das Geheimnis der dort Sitzenden, das sie vor mir wahren. Je länger man vor der Tür zögert, desto fremder wird man. Wie wäre es, wenn jetzt jemand die Tür öffnete und mich etwas fragte. Wäre ich dann nicht selbst wie einer, der sein Geheimnis wahren will?

Wir sind damit in das Reich des Wünschens, Vermutens, der Unsicherheit, auch des Irrealen gekommen, was wir in der Grammatik das Modale (Modus = Art und Weise) nennen. Es berührt sich mit dem Zeitfeld besonders im Futurischen, wie wir gesehen haben, da ja allem Zukünftigen etwas Unsicheres anhaftet.

Suchen wir unsere möglichen Haltungen gegenüber dem Zukünftigen, dann beschreiben wir zugleich dieses schillernde Modalfeld. Entweder stelle ich das Zukünftige einfach als eine eintretende Wirklichkeit fest: *Sie wird kommen.* Dann habe ich die Aussage in den objektiven Bereich verlegt.

Ich kann die zukünftige Handlung aber auch ganz als Ausdruck meines Willens kundgeben, indem ich meinem Gegenüber sage: *Komm!*

Feststellung auf der einen Seite, Aufforderung auf der anderen sind die beiden äußeren Pole. Die eine Aussage ist ganz an das Subjekt des

Sprechers und Hörers geknüpft, die andere faßt ein Stück Weltgeschehen.

Wenn auf das «*Komm!*» die Feststellung «*du kommst*» folgt, dann hat sich die Aufforderung erfüllt, die Handlung hat sich vom Subjekt des Sprechers auf das Subjekt des Satzes verlegt und dadurch objektiviert: Willensinhalt wird Vorstellungsinhalt.

Als eine Zwischenstufe vom Subjektiven zum Objektiven können wir noch die Zwischenform setzen: *Ich will, daß du kommst.* Das heißt ursprünglich: *Ich will das: Du kommst.* Oder: *Ich will dich als einen Kommenden.*[26]

Komm! Ich will, daß du kommst. Du kommst. Verändern wir nun die Person im mittleren Satz: *Ich will, daß sie kommt*, dann können wir ganz entsprechend fortsetzen: *Sie kommt.*

Wie sieht es aber auf der anderen Seite aus, auf der subjektiven? Da kommen wir zu einer neuen Form. Entweder sagen wir: *Sie soll kommen* oder *sie möge kommen* oder einfach *sie komme.*

Es kann gar nicht so direkt tönen wie beim *komm!*, weil ja der Betroffene gar nicht da ist.

Die Form *sie komme* nennen wir Konjunktiv (conjungere=verbinden), und wir empfinden schon an dem angeführten Beispiel, daß sie im Hauptsatz selten, ja allgemein im Rückgang begriffen ist.

Früher hätte obiger Satz unbedingt heißen müssen: *Ich will, daß sie komme. Ich will, daß du kommest.* Im Gebet richten wir unsere Bitten und Wünsche an Gott und sprechen: *Dein Name werde geheiligt, Dein Reich komme, Dein Wille geschehe.* Gott selber sprach: «*Es werde Licht*», *und es ward Licht.* Im Kochbuch steht: *Man nehme.* Alles Ausdrücke des Wünschens vom Sprecher und des Sollens vom Betroffenen aus.

Wir haben innerhalb des Modus ein ähnliches Verhältnis wie innerhalb der drei Grundwortarten:

Der *Imperativ* (Aufforderungsform) markiert eine starke innere Dynamik und zugleich eine Identifikation des Sprechers mit der Aussage.

---

[26] Vgl. Das Englische *I want you to come.*

Der *Indikativ* (Wirklichkeitsform) ist Ausdruck der Distanzierung des Sprechers vom Ausgesagten und entspricht damit dem Substantivierungsvorgang.

Und der *Konjunktiv* steht wie das Adjektiv zwischen Substantiv und Verb, zwischen Indikativ und Imperativ. Wir finden tatsächlich wie beim Adjektiv die gleiche schillernde Vielfalt und Färbung zwischen den Polen, dem Subjektiven und dem Objektiven. Zugleich offenbart er eine urteilende, abwägende und vergleichende Gebärde oder drückt einfach ein Gefühl aus.

Es gibt verschiedene Konjunktivformen: Der *Konjunktiv I* ist vom Präsens abgeleitet *(sie kommt – sie komme),* der *Konjunktiv II* dagegen vom Imperfekt *(sie kam – sie käme).*

Man vergleiche folgende Sätze:

Er sagte, er komme um fünf Uhr. – O käme er doch endlich!

Der erste ist ganz nahe am Indikativischen. Es sind zwei Feststellungen: erstens, *daß* er redet, zweitens, *was* er redet. Aber die Tatsache, daß die zweite Aussage keine unabhängige Feststellung des Schreibers, sondern die Aussage eines anderen ist, färbt das Verb konjunktivisch. Statt der Form: *Er sagte:«Ich komme»* steht: *Er sagte, er komme.* Die sogenannte indirekte Rede spiegelt eine innere Abhängigkeit zu einem außerhalb des Satzes gedachten Subjekt.

Die zweite Form: *O käme er doch endlich* liegt ganz im subjektiven Wunsch- und Vorstellungsbereich des Sprechers.

Dazwischen kann man sich noch eine Form denken: *Er dürfte um fünf Uhr kommen.* Das drückt Vermutung, noch keine volle Sicherheit aus. Es heißt: Ich stelle es mir so vor, nach allen Voraussetzungen wird es so sein.

Schließlich hat der Mensch die Möglichkeit, sich unabhängig vom tatsächlichen Geschehen gewisse Möglichkeiten oder auch Unmöglichkeiten in der Vorstellung aufzubauen, deren Erfüllung er vielleicht wünscht oder deren Eventualitäten er gegeneinander abgrenzt: *Käme er um fünf, so wäre ich noch da.* Dagegen: *Kommt er um fünf, so bin ich noch da.*

Im ersten Satz stelle ich die Aussage ausdrücklich als bloß vorgestellt hin, im zweiten als tatsächlich. Der gesetzte Fall verläuft im ersten Satz im subjektiven, im zweiten im objektiven Bereich.

Neben dem Konjunktiv gibt es noch eine andere Möglichkeit, einem Vorgang eine Färbung gegenüber der Wirklichkeit zu verleihen: mit den sogenannten modalen Hilfsverben. Es ist sogar so, daß heute oft dasjenige, was früher durch den Konjunktiv bezeichnet wurde, mit einem Hilfsverb umschrieben wird.

Ich kann kommen. – Ich muß kommen: Auf der einen Seite die Möglichkeit, die Fähigkeit, auf der anderen eine objektive Notwendigkeit.

Ich will kommen. – Ich soll kommen: Kein objektives Verhältnis zur Handlung wie vorher beim Können und Müssen, sondern ein subjektives, das eine Mal eigenes Wollen, das andere Mal fremdes Wollen. Eigenes Wollen ist fremdes Sollen, fremdes Wollen ist eigenes Sollen.

Schließlich ein letztes Paar: *Ich darf kommen. – Ich mag kommen.* Ich stimme gefühlsmäßig zu (mögen), der andere stimmt zu (dürfen).

Man lasse das ganze Spektrum in der folgenden Reihe an sich vorüberziehen:

Soll ich das tun? Ich möchte es so gerne. Ja, darf ich es denn, kann ich es überhaupt? Aber ich muß es doch tun, und so will ich es auch.

In einem so fluktuierenden Feld ändert sich der Sinn leicht, und es ist nicht verwunderlich, daß gerade diese Hilfsverben starke Bedeutungsveränderungen durchgemacht haben: *sollen* hieß ursprünglich *schulden*, *können* entspringt *kennen*, *mögen* hieß *können*, *vermögen* und so weiter.

Auch heute nehmen sie je nach dem Zusammenhang eine ganz andere Bedeutung an. Etwa: *Er soll gekommen sein. Er soll nicht auf der faulen Haut liegen. Es soll mir recht sein. Er dürfte aufgestanden sein. Er dürfte aufstehen, wenn er kein Fieber mehr hätte.*

Wir schließen das Kapitel über das Modalfeld mit dem ersten Abschnitt aus Hans Erich Nossacks Erzählung «Unmögliche Beweisaufnahme». Die Welt des Gerichtes, wo es darum geht, Vorstellungen, Wünsche und Behauptungen von der Realität abzugrenzen und ihr gegenseitiges Verhältnis festzustellen, ist ein wunderbares Feld für das Modale:

Nach Verlesung der Anklageschrift gefragt, ob er sich schuldig bekenne, antwortete der Angeklagte, er könne sich leider noch nicht entscheiden. – Was er damit sagen wolle? – Er wolle damit sagen, daß er nicht zu beurteilen vermöge, ob er dem Gericht auch wirklich dadurch Arbeit erspare, wenn er sich schuldig bekenne; es könne ihm als Vermessenheit ausgelegt werden, wenn er dem Gericht auf diese Weise vorzugreifen versuchte. Würde aber das Gericht ihn für schuldig befinden, so solle es ihm recht sein.

Fassen wir zusammen: Wir können unsere Aussagen färben, indem wir das Ausgesagte als Vermutung, Aufforderung, Wunsch oder Vorstellung in einen subjektiven Bereich stellen und somit gegen die Tatsächlichkeit des Vorganges abgrenzen. Es entspringt das Modale innerhalb des Verbes der gleichen Tätigkeit, welche innerhalb der Wortarten zum Eigenschaftswort führt: Abwägen, Urteilen, Werten und manifestiert sich wie dieses in Gegensätzlichkeiten. Es pendelt zwischen Indikativ und Imperativ und drückt als Konjunktiv Wünsche, Vermutungen, Möglichkeiten, Vorstellungen und indirekte Aussagen aus. Die modalen Hilfsverben *wollen, sollen, können, müssen, mögen, dürfen,* können das subjektive Verhältnis zur Wirklichkeit umschreiben. Das gleiche leisten modale Adverbien wie *wohl, vermutlich, kaum, wahrscheinlich* und so weiter.

8. Zusammenfassung

1. Den Bewegungs- und Ruhepol innerhalb der Verbalsphäre finden wir in dem Gegensatz von Geschehen (Werden) und Sein.

2. Das Zusammenspiel dieser Gegensätze liegt dem Aufbau des Verbalsystems in einer ursprünglichen Schicht zugrunde. Wir unterscheiden den Zustand, die Dauer, den Anfang, die Veränderung, den Abschluß eines Geschehens oder Seins. In den zusammengesetzten Verbformen sowie in der Wortbildung können wir diese Schicht noch finden.

3. Die vier Verben *werden, tun, haben, sein* bezeichnen allgemeinste Perspektiven und können daher als Hilfsverben in zusammengesetzten Verbformen dienen. Vom ursprünglichen Werden als Weltgeschehen (Es) kommen wir zum Menschentun (Ich), was wiederum ein neues *Werden* in der Bedeutung von *erfahren, erleiden* hervorbringt. Das ursprüngliche Sein als Essenz macht ebenfalls einen Bedeutungswandel durch und wird zum Gewordenen, zum Ergebnis des Werdens, zum Da-Sein oder Zustand. Das Ergebnis des Menschentuns ist subjektbezogen ein Haben (Verfügen), objektbezogen ein Sein: *Es regnet* (Weltenwerden) – *Ich werde naß* (Menschenleiden) – *Ich bin naß* (Zustand, Gewordenes).

Der Bäcker knetet Teig (Tun). – *Er hat den Teig geknetet (den gekneteten Teig)* (Haben). – *Es ist ein gekneteter Teig* (Sein als Gewordenes).

4. Die Zeiten (Tempora) sind im Deutschen ein Zusammenfluß verschiedener Elemente. Lediglich Präsens und Imperfekt dienen als einfache Zeitformen ausschließlich der Bezeichnung von vergangenem und gegenwärtigem Geschehen. Die zusammengesetzten Zeitformen Perfekt und Plusquamperfekt drücken stärker Perspektiven (Haben, Sein) aus als Vergangenheitsbezeichnung; das Futur I oft mehr modale Bedeutung als Zeitbezeichnung, das Futur II fast ausschließlich modale Bedeutung.

5. Jede Verbform, die wir verwenden, ist das Ergebnis einer fünffachen Festlegung: Mit der *Person* und *Zahl (Numerus)* erkennen wir

die Wirkung der Subjektsphäre auf die Verbform. Mit dem *Genus* (Aktiv, Passiv, Reflexiv) bezeichnen wir die Geschehensrichtung; mit dem *Tempus,* sofern es tatsächlich «Zeit» ist, sagen wir unsere vorgestellte Distanz oder unsere Identifikation gegenüber dem aktuellen Gegenwartsbewußtsein aus. Mit dem *Modus* beurteilen, charakterisieren oder werten wir das Geschehen in bezug auf seinen Wirklichkeitsgrad. Wir erkennen in den drei letztgenannten Elementen die Gesten der drei Grundwortarten: *Genus* – rein verbales Geschehen, *Tempus* – substantivisches, vorstellendes Distanzieren, *Modus* – adjektivisches Werten und Beurteilen.

V. Bewegte Ruhe

1. Die Fälle

Eine identifizierende Gebärde führt uns zum Verb, eine distanzierende zum Substantiv, und dazwischen webt das Qualitätswort Adjektiv–Adverb.

Im vorigen Kapitel sahen wir, daß innerhalb des Verbalfeldes sich auch die anderen Qualitäten spiegeln. So wollen wir nun innerhalb des Substantivbereiches Einflüsse vom Gegenpol her aufsuchen. Das Substantiv in seiner elementarsten Gestalt fanden wir im Subjekt als den Satzgegenstand, der sich vom Geschehenspol deutlich absetzt: *Es regnet. – Der Regen prasselt.* Auf das Subjekt zeigen wir, wir sondern es aus seiner Umgebung aus und geben dem Ausgesonderten einen Namen.

Es huscht. Was ist es? Es ist eine Maus. Das ist ein altes Haus. Dies ist ein Apfelbaum. Das deutende Pronomen führt zum umgrenzten Inhalt. Der ganze Satz besteht aus einer Nenn- und Zeigegebärde.

Wir können noch eine dritte Form hinzufügen: *Es huscht. Das ist eine Maus. Die Maus ist ein possierliches Tier.*

Jetzt habe ich nicht nur gedeutet und benannt, sondern mit dem letzten Satz *die Maus* einem anderen Substantiv – dem *possierlichen Tier* – zugeordnet.

All dies spielt sich im Raum des Substantivs ab. Das Verb *sein* macht auf das Substantiv keinen Einfluß geltend, es ordnet sich diesem ganz unter. So ist es neben *sein* auch bei *bleiben* und *werden*. Zunächst wundern wir uns, daß auch das Verb *werden* keinen Einfluß auf das folgende Substantiv geltend macht, haben wir es doch als ein Grundverb der Bewegung kennengelernt.

In dem Satz: *Er wurde Bahnhofvorstand* bezeichnen wir mit dem

Bahnhofvorstand das Ergebnis des Werdens, also das Gewordene, das vergangene Werden, und das ist ja gerade das Kennzeichen des Substantivs, das sich vom aktuellen Geschehen getrennt hat. Man nennt diese ureigene Form des Substantivs in der Grammatik den *Nominativ* (nominare = nennen), der uns im Satz als Subjekts- und Zuordnungsform – letztere bezeichnen wir als *Gleichsetzungsnominativ* – begegnet oder außerhalb des Satzes einfach als Begriffsform.

Wenn ich jemanden anspreche, dann ist das mehr als ein Zeigen, Nennen oder Zuordnen. *Danke, Silke! Weg, du Lümmel! Komm, mein Kind! Paß auf, Freundchen!*

Man kann sich in seinen Anrufen auch nur auf die Substantive beschränken: *Silke! Du Lümmel! Mein Kind! Freundchen!*

Außer im ersten Beispiel können die Ausrufe das gleiche ausdrükken wie vorher. Die Anredeform entzieht sich dem Satzgefüge, ja hat selber einen Satzwert. Wir befinden uns damit im Bereich des eingliedrigen Satzkeimes, in der Welt und Ich noch ungeschieden sind. Man kann aussagen, daß hier das Substantiv in einer Ich-Du-Sphäre lebt, während es sonst als Weltvorstellung auftritt. Mit der Anredeform gebe ich zum Ausdruck, daß ich mich einem Wesen zuwende, von dem ich wiederum eine Zuwendung erwarte. Wie unmittelbar werde ich doch selbst betroffen, wenn mein Name an mich herantritt! Es entsteht ein direkter Strom vom Sprecher zum Angesprochenen und von diesem wieder zurück. Die Welt als ansprechbares Wesen tut sich in der Rufform kund. Diese bildet damit den subjektiv-dynamischen Gegenpol zu dem objektivierten Nominativ. Man bezeichnet diese Anredeform des Substantivs mit dem grammatikalischen Terminus *Vokativ* (vocare – rufen). Da sie sich formal heute nicht mehr vom Nominativ unterscheidet, wird sie oft gar nicht besonders erwähnt. In unseren Betrachtungen darf sie jedoch nicht fehlen.

Wenn wir noch einmal die Reihen aus dem ersten Kapitel aufgreifen, so sehen wir genau, wo der Bereich des Vokativs gegenüber dem Nominativ liegt:

(Sitz) Bello! – Bello (sitzt) – (Der sitzende) Bello. Im ersten Beispiel Bello als Ausruf, im zweiten als Satzgegenstand, im dritten als isolierter Begriff.

Nachdem wir nun also im Vokativ eine Gegenform zum Nominativ gefunden haben, die sich in der Sprechhaltung von diesem unterscheidet, gibt es auch innerhalb des neutralen Satzbereichs eine Polarität. Es ist das Substantiv in der Rolle des Objektes.

Die Tante malt ein Bild.
Der Bäcker knetet den Teig.
Morse erfand den Telegrafen.

Eine Tätigkeit geht vom Subjekt aus und richtet sich auf das Objekt. Von der Tante geht das Malen aus und richtet sich auf das Bild, vom Bäcker geht das Kneten aus und richtet sich auf den Teig. Die Erfindung geht von Morse aus und richtet sich auf den Telegrafen. Tante – Bild, Bäcker – Teig, Morse – Telegraf: Diese Größen stehen einander als Ursache und Wirkung gegenüber. Was sie in eine solche Beziehung versetzt, ist die Tätigkeit – bezeichnet in den Verben *malen, kneten, erfinden.* Das Objekt erfährt, erleidet die Tätigkeit, es fällt unter die Bewegung.

Das sprachliche Zeichen für dieses Fallen ist der Fall (Casus): d*er Teig – den Teig.* Man spricht in der Grammatik mit Recht auch von der Beugung (Flexion): Das Objekt beugt sich vor dem Geschehen, es erfährt dadurch eine Veränderung seiner Lage.

Wenn wir also den Subjektskern als den Ausdruck des Ruhepols verstehen, wenn wir im Gegensatz dazu den Prädikatskern als Bewegungsträger erkennen, dann können wir das Objekt als ein bewegtes, gebeugtes, unter die Tätigkeit fallendes Substantiv erleben.

Der Bäcker	*knetet*	*den Teig.*
Subjekt:	Prädikat:	Objekt:
bewegende Ruheform	Bewegungsform	bewegte Ruheform

Diese bewegten Ruheformen (Fälle) haben sich in den Pronomina besonders gut erhalten, während sie in den Substantiven vielfach verwischt wurden. *Ich grüße dich. Du grüßt mich. Er grüßt mich. Ich grüße ihn.*

Ich – mich, du – dich, er – ihn, wer – wen. Der Fall offenbart die Beziehung, welche zwischen zwei Personen oder Größen durch ein Geschehen entsteht. Mein Grüßen setzt mich in eine Beziehung zum Gegrüßten.

Nun bietet die deutsche Sprache drei verschiedene Beziehungen zwischen Subjekt und Objekt:

die Wen-Beziehung – Akkusativ
die Wessen-Beziehung – Genitiv
die Wem-Beziehung – Dativ

Die obigen Sätze sind alles Beispiele für den Wen-Fall, den Akkusativ. Er ist der Fall, der das Substantiv am stärksten unter den verbalen Prozeß beugt. Wir haben bisher vom Objekt überhaupt nur gesprochen, insofern es Akkusativobjekt ist.

Neben: *Ich grüße dich* gibt es aber auch noch: *Ich gebe dir die Hand* und: *Ich harre deiner.* Das zweite ist Dativ, das dritte Genitiv.

Du bist hier.
Ich harre *deiner.*
Ich gebe *dir* die Hand.
Ich grüße *dich.*

Das sind die vier Möglichkeiten des Substantivs oder des Substantiversatzes. Es fällt uns auf, daß wir spontan viele Beispiele zum dritten Objektfall (Akkusativ) finden, etwas weniger zum zweiten (Dativ) und am wenigsten Verben, die den ersten (Genitiv) fordern.

Den Genitiv als Objekt empfinden wir oft als altertümlich, was uns sagt, daß er früher häufiger verwendet wurde. Früher wartete man *des Gastes* und genoß *der Früchte*, vergaß auch *der Ermahnungen.* Heute erwartet man *den Gast*, genießt *die Früchte* und vergißt *die Ermahnungen.*

Ist darum der Genitiv ein seltener Fall?[27] Keineswegs, nur hat er sich weitgehend dem Verbalbereich entzogen, er fühlt sich wohler im Substantivbereich und stiftet innerhalb desselben Beziehungen. Wir werden bald sehen, welche, indem wir die vorigen Akkusativsätze substantivieren.

---

[27] Siehe zum Genitiv als Stilform die feinen Ausführungen von Erika Dühnfort, Von der Ausdruckskraft grammatischer Formen, Stuttgart 1994, S. 63–104.

Die Tante malt ein Bild.
Der Bäcker knetet den Teig.
Morse erfand den Telegrafen.

Ich substantiviere, indem ich ein *das* vor das Verb setze: *das Malen, das Kneten, das Erfinden.*

Will ich nun noch zusätzlich Subjekt und Objekt der Tätigkeit bezeichnen, so merke ich mit Erstaunen, daß ich beides mit dem Genitiv kann:

das Malen der Tante – das Malen des Bildes
das Kneten des Bäckers – das Kneten des Teiges
das Erfinden (die Erfindung) des Morse – die Erfindung des Telegrafen

Innerhalb des Substantivbereichs verblaßt der Unterschied von Subjekt und Objekt, von Täter und Ziel. Diese Gegensätze entstehen eben durch das Verb. Die Liebe Gottes kann ich in die Sätze umformen: Gott liebt oder Gott wird geliebt.

Was bezeichnet denn nun der Genitiv? Ganz allgemein die Zugehörigkeit. Nehmen wir das Substantiv *der Becher.* Wollen wir *den Becher* eingrenzen, bestimmen, so fragen wir nach dem Besitzer, nach Art, Herkunft, Form und so weiter. Auf all das gibt der Genitiv Antwort: *Ein Becher des Königs, ein Becher funkelnden Weines, ein Becher des Friedens* und so weiter.

Es ist also keine Beziehung von Substantiv oder Adjektiv zum abhängigen Genitiv, sondern umgekehrt. Damit bildet er einen direkten Gegensatz zu Dativ und Akkusativ, welche ein Ziel, ein Wohin, bezeichnen.

Das Französische und Englische, wo die Fälle durch Präpositionen ersetzt werden, umschreiben den Genitiv mit einer Präposition des Woher: *of, de (von),* den Dativ mit einer Präposition des Wohin: *to, à (zu).*

Des Hauses: of the house, de la maison (wörtlich: von dem Haus).
Dem Haus: to the house, à la maison (wörtlich: zu dem Haus).

Stellen wir zwei Sätze gegeneinander:

Ich bedarf der Freiheit. – Ich brauche die Freiheit.
Ich bemächtige mich des Gegners. – Ich ergreife den Gegner.
Ich gedenke der schönen Ferien. – Ich betrachte in Gedanken die schönen Ferien.

Beim Genitiv entsteht so etwas wie eine Stauform zwischen Verb und Objekt, indem das Verb über sich hinausgreifen will, der Genitiv es aber wieder auf sich zurückweist. Im Verb liegt ein Wohin, im Genitiv ein Woher. Beim Akkusativ jedoch unterwirft sich das Objekt ganz der Wohin-Richtung des Verbs.

Wenn es darum geht, Handlungen darzustellen, herrscht daher der Akkusativ vor, in Gedankenzusammenhängen der Genitiv. Je gedanklicher ein Text, um so mehr Genitive, weil dieser Fall eben das Substantiv umgrenzt, bestimmt und einordnet. Daher erscheint er auch in zusammenfassenden Berichten häufig. Was der Akkusativ im verbalen Bereich, ist der Genitiv im Substantivischen.

Man vergleiche folgende Sätze miteinander:

Alle streben danach, ihre Kräfte frei zu äußern.
Alle streben nach dem Zustand der höchsten freien Äußerung ihrer Kräfte.

Im ersten Text tritt kein einziger Genitiv auf, im zweiten zwei, wobei der zweite vom ersten abhängt. Dadurch wirkt der erste viel bewegter, handlungsreicher, der zweite viel mehr betrachtend. Deutlich ist auch die Tun-Perspektive im ersten und die Sein-Perspektive im zweiten Text. Was im ersten ein Tun ist, wird im zweiten zum Sein. Die Tätigkeit erscheint als Substantiv und das Objekt der Tätigkeit als Genitiv. Beim zweiten Satz handelt es sich um eine Formulierung von Schiller («Theosophie des Julius»).

Der Dativ (dare = geben) ist viel mehr Objektsfall als der Genitiv. Das fanden wir an der Wohin-Gebärde des Dativs in der englischen und französischen Umschreibung.

Worin unterscheidet er sich nun aber vom Akkusativ? Wir können *den Hund* zu uns rufen oder *dem Hund* etwas zurufen. Er kann *dem*

Blinden helfen oder *den Blinden* unterstützen. Eine Katze kann *dem Hund* begegnen oder sie kann *den Hund* treffen. Wir können *den Nachbarn* von dem Geschehen unterrichten oder *ihm* das Geschehen mitteilen.

Stets empfinden wir den Wenfall (Akkusativ) dynamischer, intensiver vom Geschehen betroffen als den Wem-Fall (Dativ). Beim Akkusativ sind die Rollen klar verteilt: auf der einen Seite Aktivität vom Subjekt ausgehend, auf der anderen auf das Objekt zukommende Aktivität.

Der Dativ hat sich von diesem Zwang befreit. Das sehen wir, wenn wir die beiden folgenden Sätze zum Vergleich ins Passiv setzen:

Wir rufen den Hund herbei. – Der Hund wird von uns herbeigerufen. Das ist ein vollständiger Standpunktwechsel, aus dem Objekt der Wirkform (Aktiv) wird das Subjekt der Leideform (Passiv)[28]. Anders beim Dativ:

Wir rufen dem Hund zu: «Komm!» – Dem Hund wird von uns zugerufen. Der Dativ bleibt auch im Passiv Dativ. Das heißt aber eben, daß er sich diesem Rollenwechsel entzieht.

Nehmen wir an, wir seien zu einem Geburtstagsfest eingeladen. Wir bringen dem Geburtstagskind einen Blumenstrauß. Wir gehen auf die Glückliche zu, überreichen ihr den Strauß. Sie empfängt ihn, nimmt ihn entgegen. Wir schenken – sie empfängt. Das sind beides Aktivitäten, allerdings ist die erste die ursprüngliche, sie bewirkt die zweite.

Ganz passiv, ganz Objekt, ganz unter das Geschehen fallend ist der Blumenstrauß – mit ihm geschieht etwas. Er wechselt von uns zu ihr, er wird geschenkt und empfangen.

Wir – Nominativ
der Glücklichen – Dativ
einen Blumenstrauß – Akkusativ.

---

[28] Siehe Leo Weisgerber, Verschiebungen in der sprachlichen Einschätzung von Menschen und Sachen, Düsseldorf 1958; ders., Der Mensch im Akkusativ, in: Wirkendes Wort 8, 1957/58, S. 193ff.

So tritt häufig bei Verben, die zwei Objekte verlangen, die Person in den Dativ, die Sache in den zwingenderen Akkusativ: *schenken, bringen, schicken, geben, gönnen* und so weiter gehören dazu.

Statt *der Freundin den Blumenstrauß* zu schenken, können wir *sie* auch *mit dem Blumenstrauß* beschenken. Damit ändert sich die Satzgebärde. Jetzt geschieht tatsächlich etwas mit der Freundin, die Aktivität richtet sich einseitig von uns auf sie, der Blumenstrauß wird zum Mittel unserer Tat.

Manche Verben verändern sich durch ein vorangestelltes *be-* so, daß die Person vom Dativ in den Akkusativ wechselt:

stehlen – bestehlen
liefern – beliefern
dienen – bedienen

Ohne daß man es preßt, kann man erleben, daß dadurch die Person versachlicht wird, daß sie durch den Akkusativ stärker unter den Prozeß fällt.

Wenn eine Firma *ihren Kunden Waren liefert,* dann sind die Waren Objekte, die zwanghaft unter das Liefern fallen. Die Kunden dagegen stehen als freie Empfänger den Waren gegenüber. Wenn aber die gleiche Firma *ihre Kunden mit Waren beliefert,* dann kommen die Kunden selber unter die direkte Wirkung der Belieferung.

So fällt der *Akkusativ* am stärksten unter den verbalen Prozeß, der *Genitiv* entzieht sich ihm fast ganz und regelt hauptsächlich die Beziehungen im Reich des Substantivs. Der *Dativ* steht dazwischen. Er fällt nicht so unmittelbar unter den Zwang des Geschehens wie der Akkusativ, fügt sich aber viel stärker der Richtung des Geschehens als der Genitiv.

Abschließend ein zusammenfassender Überblick über die Fälle:

1. *Bello* ist *ein braver Hund.* Nominativ: Benennen, Zuordnen	Sitz, *Bello!* Vokativ: Rufen, Anreden
2. *Bello* knurrt.	a) Der Herr heißt *den Pudel* stillzuhalten. b) Der Herr befiehlt *dem Pudel* zu sitzen. c) Der Herr bedient sich *seines Stockes.* Objektfälle: Das Substantiv steht im: a) Akkusativ (wen) b) Dativ (wem) c) Genitiv (wessen)
3. Bello knurrt *den Meister* an. Der Herr verbietet *ihm* zu knurren. Der Fall ist abhängig vom Geschehen (Akkusativ/Dativ)	Das Knurren *des Hundes* bewirkt das Verbot *des Herrn.* Der Fall entzieht sich dem verbalen Geschehen (Genitiv)
4. Jetzt lobt er *den Hund.* Dem Verb direkt unterworfenes Objekt	Er spendet *ihm* Lob. Das Substantiv befreit sich vom direkten Zugriff (Dativ)

2. Die Präpositionen

Die erste Strophe des Gedichts «Rastlose Liebe» von Goethe lautet:

Dem Schnee, dem Regen,
Dem Wind entgegen,
Im Dampf der Klüfte,
Durch Nebeldüfte,
Immerzu! Immerzu!
Ohne Rast und Ruh!

Schäumendes Leben und höchste innere Erregung sprechen sich hier aus. Sehen wir genauer zu, so finden wir kein einziges Verb, das diese Bewegung ausdrücken würde! Wir finden aber auch kein Subjekt. Subjekt und Prädikat stützen und ordnen den Satz. Dadurch, daß diese Stütze fehlt, rückt die Aussage in den gefühls- und willensbetonten Bereich des eingliedrigen Ausrufs. Welche sprachlichen Mittel aber verleihen die offensichtliche Dynamik? Vor der Antwort noch ein zweites Beispiel aus dem Drama Gas II (1. Akt) von Georg Kaiser.

Durch Hallen entzündet! Keine Stimme – kein Schrei – kein Wortschwall! Eisiges Schweigen – bloß Blicke vor sich – und schon schielend zum Nächsten bei ihm – und der über ihn hin zum Gefährten! – Aus den Augen wird es – was wird, um uns hier zu zerschellen! – der Sturm!

Hier entsteht die Erregung ganz offensichtlich durch die bruchstückhaften Aussagen und die Ausrufe. Aber die Bewegungsführung vom einen zum anderen leisten wie im ersten Beispiel unscheinbare Wörter wie *entgegen, im, durch, ohne, bei, über, zu, aus.* Sie bewirken, daß die Substantive und Pronomen in eine Richtung kommen: *über ihn hin zum Gefährten.* Mit diesen beiden Ausdrücken ist der Weg vom einen zum anderen geschildert.

Die kleinen Wörter stellen das folgende Substantiv in ein bestimmtes Raumverhältnis. Die Wirkung läßt sich sprachlich dadurch erkennen, daß die Präposition (so heißt diese Wortkategorie) das folgende Wort in einen bestimmten Fall bringt. Damit leistet es das gleiche wie das Verb, es beugt das Substantiv, regiert es. Und damit verstehen wir auch, warum soviel Bewegung in Sätzen ohne Verben sein kann: Die Präpositionen sind die Ursache.

Eine Wanderung kann ich etwas einseitig folgendermaßen schildern:

Wir wanderten über Stock und Stein durch herrliche Wälder, über eine Geröllhalde zu einem Bergseelein und von dort bis zum Gipfel, auf schmalem Pfad, bei strahlendem Sonnenschein, einer hinter dem anderen, auf dem Buckel den Rucksack.

Präpositionen und Fälle führen den Leser in alle Richtungen auf alle Wege des Wanderers.

Die ursprünglichste Raumesbeziehung erleben wir durch unseren aufrechten Gang. Wir empfinden *vorne-hinten, rechts-links, oben-unten.* Treten wir in eine dynamische Beziehung zu unserer Umwelt, dann ergibt sich ein *nach vorn, von hinten, nach links, gegen rechts, bis oben* und so weiter.

Die Raumverhältnisse gliedern sich also in das statische *Wo?,* das dynamische *Wohin?* und das erlebende *Woher?*

Von Basel *nach* Zürich *im* Zug kann die Reise gehen. – Von Basel *komme* ich, nach Zürich *fahre* ich, im Zug *bin* ich.

Die finnische Sprache kann diese Raumesbeziehung noch heute mit eigenen Fällen, ohne vorangestellte Präpositionen ausdrücken. Damit erweist sich die Bildsamkeit im Formenreichtum als weit größer. Dank der Präpositionen können wir aber Verhältnisse viel freier und differenzierter fassen, als wenn wir nur das Mittel der Fälle hätten.

Wir können *zum* Bahnhof, *an den* Bahnhof, *in den* Bahnhof gehen, *vom* Bahnhof, *aus dem* Bahnhof kommen oder uns *beim, neben, in, gegenüber dem* Bahnhof befinden.

Andererseits geht die direkte Beziehung zwischen dem Verb und dem Objekt verloren, indem sich die Präposition dazwischenstellt. Man vergleiche:

Wir treten in die Bahnhofshalle. – Wir betreten die Bahnhofshalle.
Wir treten aus der Bahnhofshalle. – Wir verlassen die Bahnhofshalle.
Wir kommen zum Bahnsteig. – Wir erreichen den Bahnsteig.

Im ersten Fall, wenn ich *in die* Bahnhofshalle trete, verändere ich meinen Standpunkt, mein räumliches Verhältnis zur Bahnhofshalle. Diese bleibt als Ganzes unberührt, nur daß ich mich auf sie zu bewege und deren Tor durchschreite. Betrete ich dagegen *die Bahnhofshalle*, dann ist diese als Ganze von meiner Tat betroffen. Bildlich gesprochen, beugt sie sich vor meinem Betreten, erleidet es. Der Chef, der *seinen Raum* betritt, ist gewiß autoritärer als sein Kollege, der nur *in den Raum* tritt.

Es gibt Präpositionen, die – je nachdem, ob sie ein *Wo* oder ein *Wohin* bezeichnen – einen anderen Kasus verlangen:

in *den* Bahnhof – in *dem* Bahnhof
auf *dem* Bahnsteig – auf *den* Bahnsteig
an *dem* Schalter – an *den* Schalter
unter *den* Leuten – unter *die* Leute

Das *Wo* erscheint in der Verbindung mit dem Dativ, das *Wohin* mit dem Akkusativ. Wir finden damit bestätigt, daß der Akkusativ näher am Bewegungspol liegt als der Dativ.

Der Mensch erlebt sein Verhältnis zur Welt aber nicht nur räumlich, als ein Nebeneinander, sondern auch als ein zeitliches Nacheinander und schließlich als ein innerliches Für-, Gegen- oder Miteinander. Dies drückt sich elementar in der Sprache aus. So können wir das Substantiv als eine Form des Nebeneinander, das Verb als eine Form des Zeitlichen und das Adjektiv–Adverb als eine Form der Innerlichkeit erkennen. Entsprechend wandelt sich aber auch die Bedeutung der Präpositionen.

Raum:	Wir fuhren von Basel nach Zürich im Zug.
Zeit:	Der Strom fiel am Montag von 12 bis 13 Uhr aus.
Innerlichkeit:	Ich denke an dich, freue mich auf dich, fühle mit dir, sorge für dich, mache mir viel aus dir.

Ein konstruiertes Beispiel zeigt die drei Schichten: *Das Kind stand vor dem Essen vor Angst vor dem Tor.*

Man kann daher sagen, daß die Präposition das folgende Wort in eine räumliche, zeitliche oder seelisch-geistige Beziehung stellt.

Nun entsteht aber eine Beziehung oder ein Verhältnis immer erst durch mindestens zwei Größen. Die eine Größe ist immer gegeben in dem von der Präposition regierten Substantiv. Der so entstandene präpositionale Ausdruck steht aber seinerseits in einer Beziehung, in einem Zusammenhang. Hier sind grundsätzlich zwei Möglichkeiten vorhanden – sie spiegeln wiederum unsere ursprüngliche Polarität.

Entweder tritt der präpositionale Ausdruck innerhalb des Nominalbereiches auf, dient einem Substantiv oder Adjektiv, oder es dient der Satzaussage und ergänzt damit den Verbkern.

Der Zug fährt von Basel nach Zürich. – Der Zug von Basel nach Zürich ist besetzt.
Wir warten auf dem Bahnsteig. – Das Warten auf dem Bahnsteig langweilt uns nicht.
Der Schaffner sorgt für einen reibungslosen Ablauf. – Der für den reibungslosen Ablauf zuständige Schaffner.

Im ersten Fall ergänzt der präpositionale Ausdruck das Verb oder den Satz als ganzen, im zweiten ergänzt er ein Substantiv oder Adjektiv. Damit berührt er sich ganz mit der Doppelnatur des Adjektiv–Adverbes, das sich einmal dem Geschehen als Umstandsbestimmung zuwenden kann, ein andermal als Charakterisierung des Substantivs.

Tatsächlich lassen sich präpositionale Ausdrücke auch oft mit Adjektiven oder Adverbien ersetzen:

Präposition	*Adverb*
Wir warten auf dem Bahnhof.	Wir warten dort, hier.
Sie kam am Montag	Sie kam montags, dann, heute.
Wir bebten vor Angst.	Wir bebten ängstlich, so.
	Adjektiv
Der Verkehr auf dem Bahnhof.	Der dortige Verkehr.
Die Ankunft am Sonntag.	Die sonntägliche Ankunft.
Das Beben vor Angst.	Das angstvolle Beben.

Wir empfinden das Zusammenziehende, Zusammenfassende der Präposition im Substantivbereich besonders gut, wenn wir Sätze substantivieren, gleichsam die Quintessenz des Satzes zusammenfassen:

Der Bäcker knetet den Teig. – Das Kneten des Teiges durch den Bäkker.
Wir fahren von Basel nach Zürich. – Unsere Fahrt von Basel nach Zürich.
Wir brachten dem Geburtstagskind einen Blumenstrauß. – Die Überbringung des Blumenstraußes an das Geburtstagskind durch uns.

Wir sehen, wie es die Präposition erlaubt, differenzierte Verhältnisse ganz innerhalb des Begrifflichen zum Ausdruck zu bringen. Während der Genitiv als Fall des Substantivbereiches nur allgemein Herkunft und Zugehörigkeit anzudeuten vermag, können wir mit der Präposition genau differenzieren:

Die Liebe Gottes: Die Liebe zu Gott. Die Liebe von Gott.

Die Dissertation Schillers trägt den Titel: «Über den Zusammenhang der tierischen Natur des Menschen mit seiner geistigen». Damit ist ein ganzer geistiger Zusammenhang formuliert in einem einzigen substantivischen Ausdruck, der zwei Genitive und zwei präpositionale Ausdrücke enthält. Ein Hauptwerk Herders sind seine «Ideen zur Philosophie der Geschichte der Menschheit». Genitiv und präpositionale Ergänzung offenbaren Beziehungen innerhalb des Substantivbereiches.

Wie sieht das polare Geschehen im Verbalbereich aus? Die Objekte offenbaren die Wirkung des Verbes auf das Substantiv. Nun gibt es tatsächlich auch präpositionale Ausdrücke, die die gleiche Beziehung zum Verb haben wie andere Objekte.

Wir warten auf den Zug. – Wir erwarten den Zug.
Wir sprechen mit der Schaffnerin. – Wir sprechen sie.
Wir vertrauen auf den Fahrplan.– Wir vertrauen dem Fahrplan.

Man spricht hier in der traditionellen Grammatik von dem *präpositionalen Objekt.* Natürlich sind die Übergänge sehr fließend zwischen einem präpositionalen Objekt und einer Umstandsbestimmung. Statt auf eine schulmeisterliche Definition zu zielen, wollen wir vielmehr die Einheit in dem präpositionellen Gebilde sehen und es in seinem Pendeln zwischen Verb und Substantiv erleben:

Wir warten auf den Zug. – Wir warten auf dem Bahnsteig.
Wir freuen uns über die Reise. – Wir sind froh über die Reise. – Die Freude über die Reise.
Wir erhoffen eine gute Reise. – Wir hoffen auf eine gute Reise. – Hoffend auf eine gute Reise. – In der Hoffnung auf eine gute Reise.
Wir betreten den Bahnhof. – Wir treten in den Bahnhof. – Der Eintritt in den Bahnhof.

Zusammenfassend können wir das Wesen der Präposition folgendermaßen charakterisieren: Die Präposition bestimmt den Fall des folgenden Substantivs oder Pronomens und stellt es dadurch in ein bestimmtes räumliches, zeitliches oder innerliches Verhältnis. Diese Beziehungen ergeben sich zum Verb und zum Substantiv. Der präpositionelle Ausdruck wird dann zum Objekt oder zur freieren Umstandsbestimmung (Adverbiale).

Die Beziehung kann sich aber auch zwischen Substantiv und Substantiv oder zwischen Substantiv und Adjektiv–Adverb ergeben. Dann hat der präpositionelle Ausdruck den Wert einer Beifügung, so wie das Adjektiv eine Beifügung zum Substantiv ist (grammatikalischer Ausdruck: attributiv).

Indem die Präposition Beziehungen ausdrückt und wie das Verb fallbestimmend ist, empfinden wir sie als eine dynamische Wortart, die sogar das Verb als den Bewegungsträger ersetzen kann.

3. Die Konjunktionen

Während die Präpositionen als Bewegungs- und Beziehungsstifter ausschließlich innerhalb des Bereiches von Substantiven und Adjektiv–Adverbien wirken, lernen wir in der Konjunktion eine Wortart kennen, die ganz allgemein dazu dient, zwei Glieder in ihrem Verhältnis zueinander zu bestimmen: Wörter (groß *und* klein), Wortgruppen (im hinteren Zimmer *oder* auf dem vorderen Balkon), ganze Sätze (Wir fanden die Kiste, *aber* sie war leer.)

Diese Wortart ist von allen Wortarten am wenigsten durch einen eigenen Inhalt vorgeprägt und kann gerade deshalb ihre Beziehungsfunktion ausüben. Was sind die Inhalte von *und, oder, aber? Und* sagt aus, daß zwei oder mehr Elemente miteinander verbunden sind. *Oder* bedeutet, daß das eine oder das andere gilt, ein alternatives Verhältnis also, *aber* setzt das eine vom andern ab, hebt das eine gegenüber dem andern hervor.

Versuchen wir diese Beziehungen als Grundgesten zu verstehen, so kommen wir zu den schon mehrfach beschriebenen drei Haltungen:
- verbinden, vereinigen: *und;*
- abwägen, hin- und herschauen: *oder;*
- distanzieren, abgrenzen: *aber.*

Wir erkennen die Bewußtseinshaltungen, die zu den drei Grundwortarten führten:
- verbinden: Verb;
- abwägen: Adjektiv;
- distanzieren: Substantiv.

Suppe und Dessert: Ich werde mich auf beides freuen können, die Speisefolge verbindet beide. *Suppe oder Dessert:* Ich muß abwägen, was ich bevorzuge, meine Beurteilung ist gefordert. Betrachtet das Kind die Suppe als notwendiges Übel, das den Weg zum Dessert ebnet, so ist dies eine *Aber*-Beziehung: *Suppe ja, aber dann Dessert.*

Diese drei Grundbeziehungen können natürlich auch durch andere Konjunktionen gestiftet werden:

und: auch, noch, desgleichen, ebenfalls, sowohl – als auch;
oder: entweder – oder
aber: jedoch, sondern, doch.

Weil diese Wörter durch ihren geringen Inhalt einen so dienenden Charakter haben, nehmen sie auch leicht eine subjektive Prägung des Sprechers an. Denken wir uns den folgenden Dialog zwischen Mutter und Tochter:

«Vierzehn Tage hast du nun schon dein Zimmer nicht mehr aufgeräumt», hält die Mutter der vierzehnjährigen Tochter vor.

«Und?» ist die Antwort der Tochter.

Der Sprengstoff in diesem einen Wörtchen ist dadurch entstanden, daß die Funktion des Verbindens ganz dialektisch gebraucht wird in der Bedeutung: *Hast du mir nun noch etwas Relevantes zu sagen? Kommst du jetzt noch zum Wesentlichen?* Die Aussage degradiert das Vorige zur Belanglosigkeit. Noch pointierter erscheint sie durch ein vorangestelltes *Na – Na, und?*

Das einer Aussage provozierend angefügte *oder?* ist sehr häufig und im Schweizerdeutschen meist stereotyp verwendet. Es hat wie vorhin das *und* einen subjektiven Ausdruckswert bekommen:

Etwa nicht? Willst du widersprechen? Glaubst du das nicht?

Am allerstärksten kann dies subjektiv-emotionale Element der Konjunktion im *Aber* erscheinen. Häufig verwendet man es direkt als Interjektion, als einen Ausruf. So etwa, wenn die Mutter ihrem Kind eine wiederholt begangene Unart mit dem Ausruf: *Aber! Aber!* verweist.

Im Alltagsgespräch bedienen sich die Sprecher häufig solcher logischer Beziehungswörter, um ihre subjektiven Emotionen und Absichten auszudrücken. Man kann im Gespräch leicht *Und-, Aber-* und *Oder-*Passagen unterscheiden, je nach der Situation der Unterhaltung.

Ja, manche Teilnehmer bevorzugen grundsätzlich eine dieser Konjunktionen, so daß man geradezu von einem *Und-*Typus sprechen kann, der die Tendenz hat, hinzuzufügen, zu verbinden, fortzufahren; der *Aber-*Typus widerspricht, provoziert, setzt entgegen, profiliert, oft indem er vor das *aber* noch ein *nein* setzt; der *Oder-*Typus wägt ab, führt in neue Erörterungen und Zweifel, weil er zuviele Alternativen und Eventualitäten sieht.

Logische Beziehungen treten im Gespräch als dialektische Momente auf, die sich mehr gesprächsbezogen oder mehr personenbezogen entfalten können.

Eine Gruppe von Konjunktionen markiert die logische Beziehung zwischen Haupt- und Nebensätzen, gibt also an, in welcher Art sich die eine Aussage der andern unterordnet. Ich kann zwei Aussagen durch *und* verbinden und sage damit lediglich aus, daß sie zusammengehören, aber nicht, wie sie zusammengehören:

Elsa drehte die Heizung an, und es wurde warm.

Nun kann ich aber auch präzisieren:

Als Elsa die Heizung andrehte, wurde es warm. (Zeitliches Verhältnis: *als, nachdem, bis, während.*)

Oder: *Wenn Elsa die Heizung andrehte, würde es warm.* (Bedingung: *wenn, falls.*)

Oder: *Da Elsa die Heizung andrehte, wurde es warm.* (Grund: *da, weil.*)

Oder: *Elsa drehte die Heizung an, so daß es warm wurde.* (Folge: *so daß.*)

Man sieht, daß das Verhältnis von Grund und Folge (kausal und konsekutiv) das von Ursache und Wirkung ist. Beim Grund blicke ich von der Hauptaussage auf die Ursache, die dazu geführt hat; bei der Folge auf deren Wirkung in der Zukunft. Daher wird der Hauptsatz des einen zum Nebensatz des andern und umgekehrt.

Oder: *Obwohl Elsa die Heizung andrehte, wurde es nicht warm.* (Gegengrund: *obwohl, obgleich, trotzdem, wiewohl.*)

Da das konzessive Verhältnis ausdrückt, daß etwas wider Erwarten eintritt, muß der Hauptsatz zum Nebensatz in einer Opposition stehen, in unserem Beispiel muß daher der Haupt- oder Nebensatz verneint werden.

Schließlich: *Elsa drehte die Heizung an, damit es warm werde.* (Zweck: *damit, daß, auf daß.*)

Was ist der Unterschied zwischen Folge und Zweck, zwischen konsekutivem und finalem Verhältnis? Es ist der Unterschied vom Naturgeschehen zum Menschentun. Während der Konsekutivsatz lediglich die Wirkung eines Tatbestandes feststellt, drückt der Finalsatz die gewollte, beabsichtigte Wirkung aus; die Folge hat sich im Menschenwollen als ein Zielgedanke verinnerlicht.

So sind wir anhand der unterordnenden Konjunktionen den Weg über die Zeitlichkeit, Bedingung, Kausalität zur Finalität gegangen, einen Weg von außen nach innen, endend im Menschen-Ich.

Um sich die verschiedenen logischen Beziehungen zu verdeutlichen, empfiehlt es sich, an mehreren Beispielen in der Art des obigen alle Möglichkeiten durchzuspielen. Man merkt dabei, daß man in seinem Sprach- und Denkvermögen über genügend Gefühl für logische Beziehungen verfügt, um problemlos diese Aufgabe zu lösen. Probleme treten erst dann auf, wenn es darum geht, die gefundenen logischen Beziehungen zu benennen, womöglich mit den lateinischen Bezeichnungen.

Sowohl nebenordnende wie auch unterordnende Konjunktionen bilden gedankliche Verknüpfungen und Beziehungen sprachlich ab. *Verknüpfungs-* oder *Beziehungswort* gibt daher die Leistung dieser Wortart besser wieder als das übliche *Bindewort.*

VI. Der Satz als Beziehungsgefüge

1. Die Dynamik der Satzglieder

Wir haben im zweiten Kapitel auf die Entstehung des Satzes geblickt als einer Mitte zwischen Ausruf und Begriff, als einer Verknüpfung von Ruhe- und Bewegungspol, als sprachlichen Ausdruck für die begriffene, erfaßte Bewegung. Die Verbindung von Subjekt und Prädikat ist hierfür das grammatikalische Abbild. Im zweigliedrigen Satz fanden wir dessen einfachste Urform.

Der dreigliedrige Satz mit dem Objekt als drittem Satzglied zeigt neben den beiden Prinzipien Ruhe (Subjekt) und Bewegung (Prädikat) die Verbindung beider in der bewegten Ruhe des Objektes. Das Kennzeichen des verbalen Einflusses auf das Objekt als dem Bewegten ist der Fall (Kasus), wie wir gesehen haben. Neben den vom Verb bestimmten Objekten (Genitiv-, Dativ-, Akkusativ- Präpositionalobjekt), dem Subjekt und dem Gleichsetzungsnominativ (siehe Kapitel V) treten als Satzglieder die dem Adjektiv–Adverb entsprechenden charakterisierenden Umstandsbestimmungen (Adverbiale) auf.

Schon in der Betrachtung der Wortarten, noch mehr aber in derjenigen der Satzfunktion stellten wir fest, daß der sprachliche Quellort des Satzes die Bewegung ist, aus der dann in entsprechenden Bewußtseinsschritten das Gewordene als Ergebnis der Bewegung seinen Ausdruck findet. Es ist daher einsichtig, daß der verbalen Funktion im Satz die zentrale Rolle zukommt. Das finite Verb bestimmt die notwendigen Ergänzungen zum ganzen Satz. Es ist das Herz des Satzes, die Mitte seines Beziehungsgefüges. Dem stellt sich als notwendiger Gegenpol das Subjekt gegenüber, das sich ganz dem verbalen Prozeß entzieht, während das Objekt diesem unterworfen ist. Dazwischen liegen die freieren Ergänzungen als Umstandsbestimmungen.

Somit entsprechen das Verb des Satzes der Herzfunktion, das Subjekt dem Kopf, der sich der Bewegung entzieht, die Objekte den von der Herzfunktion abhängigen Bewegungsorganen.

Blut und Bewegungsorgane bilden den einen Pol, dessen Zentrum das Herz ist, Nervenprozesse den anderen, dessen Zentrum das Gehirn darstellt. Zwischen beiden steht der Atmungsvorgang, im Satzgefüge die Umstandsbestimmungen, die das Geschehen näher charakterisieren. So wie das Herz zugleich Mitte ist und auch die Blutprozesse regelt, also dem Bewegungsmenschen angehört, so regelt das finite Verb im Satz die Gesamtstruktur und ist gleichzeitig Träger des Geschehens. Das Subjekt als Gegenpol bildet mit ihm zusammen die notwendige Basis des Satzes und bestimmt die Personalendung (Kongruenz). Alle übrigen Satzglieder sind demgegenüber untergeordnet.

Damit wird deutlich, daß die verschiedenen Satzglieder keineswegs die gleiche Bedeutung für den Aufbau des Satzes haben und daher auch nicht als gleichwertig nebeneinandergestellt werden sollten.

2. Die Dramatik des deutschen Satzes

In der deutschen Sprache wird die Dominanz des Verbes erlebbar, wenn wir die Satzglieder innerhalb des Satzes verschieben. Durch diese von Hans Glinz[29] so genannte Verschiebeprobe offenbart sich die Grundstruktur des deutschen Satzes, und wir kommen außerdem zu einem leicht nachvollziehbaren Satzgliedbegriff.

Nehmen wir ein Beispiel aus dem zweiten Kapitel und fügen noch einige weitere Angaben hinzu:

1. In seinem Atelier vollendete der Maler mit sicherer Hand sein Bild.
2. Der Maler vollendete in seinem Atelier mit sicherer Hand sein Bild.
3. Mit sicherer Hand vollendete der Maler in seinem Atelier sein Bild.
4. Sein Bild vollendete der Maler in seinem Atelier mit sicherer Hand.

In seinem Atelier, der Maler, mit sicherer Hand und *sein Bild* lassen sich verschieben; das finite Verb behauptet durch alle Verschiebungen die zweite Stelle im Satz und gleicht damit der Sonne, um die die Planeten kreisen.

Stelle ich das Verb voran, verwandelt sich die Aussage zur Frage. Damit ist das, was vor das finite Verb gestellt werden kann, ein Satzglied. Man könnte sich zum Beispiel auch die Möglichkeit denken:

Das Bild in seinem Atelier vollendete der Maler mit sicherer Hand.

Dann würde *in seinem Atelier* aus einer Umstandsbestimmung des Ortes, also einem selbständigen Satzglied, eine nähere Bestimmung des Bildes, verlöre also seine Satzgliedfunktion.

Wir müssen diese Eigenart des deutschen Satzbaues noch durch eine weitere Gesetzmäßigkeit ergänzen, die den Nichtdeutschsprachigen oft zur Verzweiflung bringt. Wir brauchen, um dies zu erkennen, den obigen Satz nur ins Perfekt zu setzen:

In seinem Atelier hat der Maler mit sicherer Hand sein Bild vollendet.

---

[29] Hans Glinz, Deutsche Grammatik, Bd. I, Frankfurt/M ^{2}1971, S. 31 ff.

Die zusammengesetzte Form verteilt sich im Satz so, daß der inhaltlich bedeutungsvolle Teil *(vollendet)* an den Schluß rückt, der formale, finite Teil *(hat),* der dem Hörer wenig Information bietet, behauptet die zweite Stelle. Erst mit dem letzen Wort wissen wir, daß der Maler sein Bild *vollendet* und nicht *entworfen, angefangen* oder *übermalt* hat.

Das Schema ist also:
1. Erstes Satzglied
2. Finites Verb als Formträger
3. Übrige Satzglieder
4. Infiniter Verbteil als Inhaltsträger.

Bei zusammengesetzten Verben bilden die beiden Verbteile ebenfalls eine Satzklammer, so daß wir auch erst am Schluß wissen, ob *sie durch-, ab-, an-, herbei- oder vorbeikam.*

Selbst die Negation folgt diesem Spannungsprinzip:

Der gefeierte Star erschien zu dem seit langem ausverkauften Konzert vor dem geduldig wartenden Publikum – nicht.

Das letzte Wort stürzt die ganze vorhergehende Aussage um – eine ordentliche Zumutung für den Hörer, der zum Beispiel von den Franzosen und Engländern sanfter behandelt wird, indem er unmittelbar vor dem Verb erfährt, ob es verneint ist. Französisch: *ne* – Verb *pas;* englisch: *does not* + Verb.

Um die Gesetze des deutschen Satzes noch zu vervollständigen, sei auf die unterschiedliche Wortfolge im Nebensatz hingewiesen. Hier steht der finite Teil des Verbes nicht notwendig an zweiter Stelle, sondern drängt an das Ende:

Da der Maler in seinem Atelier sein Bild mit sicherer Hand vollendete (vollendet hat), ...

Die verhältnismäßig freie Satzfolge im Deutschen ermöglicht dem Sprecher und Schreiber, seine Aussage fein zu modifizieren, je nachdem, wie er beginnt. In obigem Beispiel teilt sich uns eine ganz andere Nuance mit, wenn wir zuerst hören oder lesen: *In seinem Atelier ..., Der Maler ..., Mit sicherer Hand ...* oder *Sein Bild ...*

Die Betonungsverhältnisse, die Beziehungen der Satzglieder zueinander, das Spannungsverhältnis der ganzen Aussage – all dies kann verändert und somit zum Stilmittel werden.

Wir wollen das Kapitel abrunden, indem wir die Satzgestaltung als künstlerisch-stilistischen Ausdruck an drei Beispielen untersuchen. Dabei beziehen wir auch die Laut- und Wortebene mit ein.

3. Die Satzgestaltung als Ausdruck des individuellen Stils

Qualitäten erfassen, heißt vergleichen, abwägen, werten. In ganz besonderem Maße können wir diese Fähigkeit im Bereich des Stiles üben. Folgende zwei Sätze seien einander gegenübergestellt:

1. *Die Flammen wirbelten in wildem Feuer weithinaus in das dunkle Himmelsgewölbe, in weitem Kreise fiel nieder der Feuerregen und bedeckte die Dächer der Gebäude; aber auch der Regen schlug prasselnd nieder und hinderte ein schnelles Feuerfassen.*

2. *Besinnungslos, wie er sich aus dem allgemeinen Verderben retten konnte, eilte er, über Schutt und Gebälk hinweg, indessen der Tod von allen Seiten Angriff auf ihn machte, nach einem der nächsten Tore der Stadt.*

Um die Sprachbewegung zu erleben, lesen wir die Texte mehrmals laut. So stellen sich ganz natürlich ein bestimmtes Tempo und eine bestimmte Dynamik ein. Den ersten Text lesen wir im ganzen viel langsamer als den zweiten, es ergibt sich ein gleichförmiger ruhiger Sprachstrom, während der zweite stark akzentuiert und im Tempo wechselnd gelesen wird. Wir sind sogar versucht, stellenweise unverständlich schnell zu lesen, während wir im anderen gern auf den entfalteten Bildern ausruhen möchten.

Ein ruhiger breiter Strom, der machtvoll über alle Hindernisse hinwegfließt, so zeigt sich uns der erste, den zweiten empfinden wir als einen wilden Bergbach, der mit Hochdruck, immer wieder durch Hindernisse gestaut, zu Tale stürzt. Ruhige Macht auf der einen und Drängen gegen Widerstände auf der anderen Seite, so können wir den ersten Eindruck formulieren.

Verfolgen wir nun eingehender den Satzverlauf, wobei wir hier als Satz einfach das verstehen, was zwischen zwei Punkten steht. Im ersten Text besteht dieser Satz aus je drei gleichwertigen verschiedenen Subjekten und Prädikaten: *Die Flammen, der Feuerregen, der Regen – wirbelten, fiel nieder und bedeckte, hinderte.* Aber diese drei Aussagen stellt der Autor unter einen großen Bogen. Die rhythmischen Einheiten fallen hier ganz mit den Aussageeinheiten zusammen.

Betrachten wir zunächst die erste Aussage: *Die Flammen wirbelten in wildem Feuer weithinaus in das dunkle Himmelsgewölbe.* Wir erleben drei sich steigernde rhythmische Kreise:

1. Die Flammen wirbelten
2. in wildem Feuer
3. weithinaus in das dunkle Himmelsgewölbe.

Das Gipfelwort ist auf jeden Fall *weithinaus*, danach rundet sich nach einer kleinen Pause der Satz, die Melodie sinkt wieder.

Die Rhythmik des Satzes wird stark geprägt durch Lautbezüge: *w*irbelten, *w*ildem, *w*eit*h*inaus, *H*immelsge*w*ölbe, wobei die Verwandtschaft von w und f auch noch *F*lammen und *F*euer in diesen Bezug stellen.

Es fällt uns leicht, dieses Gebilde wie einen Vers zu behandeln und in einzelne Silbenelemente aufzulösen. Dabei kommt für den Anfang des ersten Textes folgendes Bild zustande:
x X x X x x / x X x X x / X x X x x X x X x x X x.

Hebungen und Senkungen wechseln in recht regelmäßiger Folge. Es gibt zum Beispiel nirgends mehr als zwei Senkungen zwischen zwei Hebungen. Vielleicht haben wir schon beim Lesen Anklänge an Hexameter gehört, die rhythmische Analyse bestätigt dies: im dritten Teil wiederholt sich zweimal der für einen Hexameter typische Schluß: X x x X x. Wie man leicht nachprüfen kann, zeigt auch der weitere Verlauf das gleiche rhythmische Prinzip.

Der zweite Bogen ist stark zweigeteilt: *In weitem Kreise fiel nieder der Feuerregen / und bedeckte die Dächer der Gebäude.* Die Melodie steigt am Anfang stark an *(in weitem Kreise),* sinkt dann etwas *(fiel nieder),* steigt wieder leicht an *(Feuerregen);* der zweite Teil ist im ganzen flacher und gipfelt im Verb *bedeckte.* Ganz wunderbar können wir hier erleben, wie sich das Bild aus dem Rhythmus heraus entfaltet, nicht umgekehrt.

Der erste Teilbogen gliedert sich deutlich in drei rhythmische Elemente:

1. *In weitem Kreise*
2. *fiel nieder*
3. *der Feuerregen.*

Die übliche Wortfolge wäre: *In weitem Kreise fiel der Feuerregen nieder.* Dadurch aber wäre *fiel der Feuerregen nieder* ein rhythmischer Bogen, das Bild *(der Feuerregen)* befände sich in der Klammer des Verbs und träte durch die Spannung zwischen *fiel* und *nieder* in den Hintergrund. Hier aber nimmt der Autor mit dem ersten Teil *(in weitem Kreise)* das *weithinaus* vom vorigen Bogen auf, dann folgt der Prozeß des Niederfallens, und zum Schluß hebt sich als selbständiges rhythmisches Gebilde *der Feuerregen* heraus, das uns das Vorstellungsbild gibt, an dem der Prozeß offenbar wird.

Der letzte Aussageteil gliedert sich wieder in zwei Einheiten, die aus je zwei Teilen bestehen:

1. *aber auch der Regen / schlug prasselnd nieder*
2. *und hinderte / ein schnelles Feuerfassen.*

Der erste Teilbogen hat seinen Gipfel in dem Wort *Regen* und nimmt damit den *Feuerregen* der vorigen Aussage wieder auf, im zweiten Teil greift entsprechend das *Feuerfassen* den *Feuerregen* wieder auf.

Wir können somit als ein Bauprinzip erkennen, daß innerhalb des Ganzen die Teile und Elemente wiederholt werden. Laute und Worte dienen diesem Bauprinzip. Man verfolge im Lautbereich:

Flammen, **F**euer, **w**irbelten, **w**ilden, **w**eit**h**inaus, **H**immelsge**w**ölbe, **w**eitem Kreise, **fi**el **F**euerregen, **bed**eckte **d**ie **D**ächer **d**er Ge**b**äu**d**e, **F**euer**f**assen;

im Wortbereich:
Feuer – Feuerregen – Feuerfassen,
weithinaus – in weitem Kreise,
fiel nieder – schlug nieder,
Feuerregen – Regen;

im Rhythmischen: regelmäßige Abstände der Betonungen, weite in sich gleichmäßig gegliederte Bogen. In einer großen Wellenbewegung steigt das Bild von unten nach oben: Die Vorstellung hebt sich aus dem Willensbereich heraus und bleibt mit diesem verbunden.

Wenden wir uns nun dem zweiten Text zu. Obwohl er in der Länge ungefähr gleich ist wie der erste, führt er in einem Hauptbogen bis zum Schluß. Diesem Hauptbogen stellen sich aber untergeordnete Aussagen wie Hindernisse in den Weg. Wir haben zufällig auch hier je drei Subjekte und Prädikate, davon ist aber eines Träger des Hauptbogens *(eilte er)*, die anderen sind Träger von Nebenaussagen *(er … retten konnte – der Tod … machte Angriffe)*.

Wir können gar nicht anders, als stark sinnbetont zu lesen, um den Satz als eine Aussageeinheit hörbar zu machen. Also werden wir betonen: *Bes**i**nnungslos … **ei**lte er … nach **ei**nem der n**ä**chsten T**o**re der St**a**dt.* Dadurch erhält alles, was dazwischen liegt, einen asthmatischen Charakter, denn es stellt sich der Entspannung in den Weg.

Mit dem *besinnungslos* hebt der Bogen an, gipfelt, nachdem er durch das Dazwischenliegende gespannt wurde, in *eilte er* und entspannt sich – wieder unterbrochen durch Nebenbogen – in *nach einem der nächsten Tore der Stadt.* Ein Spiel von Spannung und Entspannung, von Thema und Kontrapunkt. Der Leser wird zum Gipfel mitgerissen, und kaum ist er oben, wird er auf neue Wege gedrängt und erreicht das Ziel im Galopp. Nicht wellenartig organisch entfaltet sich die Aussage, sondern sprunghaft. Kaum blitzt ein Bild auf, wandert der Blick schon in eine andere Richtung, doch hält die mehrfachen Richtungswechsel ein übergeordneter Bogen zusammen.

Eine rhythmische Analyse nach betonten und unbetonten Silben, wie wir sie im vorigen Text vornahmen, kommt hier kaum in Betracht, weil das Tempo zu stark variiert. Ganz auffällig ist jedoch der stark rhythmisierte Schluß: *nach **ei**nem der n**ä**chsten T**o**re der St**a**dt,* wo das akzentuierte Element besonders vorherrscht und nach dem aufpeitschenden Galopp mit dem letzten Akzent einen starken Schlußpunkt setzt.

Beide Texte schildern eine Naturkatastrophe. Der erste tut dies in einer Satzgestalt von archaischer Ruhe, wie wenn sich die Natur des Feuers selber ausspräche und der Mensch diesem gewaltigen Bild gegenüberstände; der zweite Text spiegelt in seiner Gestalt das Getriebensein des Menschen, seinen Kampf um Selbstbehauptung, die Auseinandersetzung des Ich mit der Welt. So finden wir hier den sprachlichen Ausdruck für das dialogische, dramatische Prinzip, während wir im ersten Homers Epen wie Urbilder hindurchschimmern sehen, in denen der Sprachstrom aus einem elementaren Rhythmus hervorbricht.

Tatsächlich wurde Jeremias Gotthelf – von ihm stammt der erste Text («Der Bauernspiegel») – berühmt durch Romane, während Heinrich von Kleist, Verfasser des zweiten («Das Erdbeben in Chili»), die Kurzform der Novelle und das Drama bevorzugte.

Bis ins Biographische hinein lassen sich die im Stil beobachteten Gegensätze verfolgen. Der Bauernpfarrer im Schweizerischen Emmental begann erst mit neununddreißig Jahren zu schreiben, dann aber brach es mit elementarer Kraft hervor. In den siebzehn noch verbleibenden Jahren entstanden neben seinen pfarrherrlichen Tätigkeiten zehn gewichtige Romane und zahlreiche Erzählungen.

Er versucht, hochdeutsch zu schreiben, mit Urgewalt schießt ihm aber immer wieder, ohne daß er es will, seine berndeutsche Mundart in die Feder. Er schreibt über sich selbst: *Ich sah mich von allen Seiten gelähmt, niedergehalten, konnte nirgends ein freies Tun sprudeln lassen, konnte mich nicht einmal ordentlich ausreiten. Hätte ich alle zwei Tage einen Ritt tun können, ich hätte nie geschrieben. Um Luft zu holen nahm ich mein Herz in beide Hände und schmiß es aufs Papier.* (Brief vom 16. Dezember 1838 an seinen Vater Albert Bitzius.)

Neben dem volkstümlichen mythischen Bauerndichter Gotthelf nun der preußische Offizierssohn, der schon durch seinen Stil den ungebildeten Leser ausschließt, der in ganz Europa umsonst eine Stätte sucht, wo er seine Anliegen verwirklichen kann, sein Leben lang vergeblich nach Gerechtigkeit und Wahrheit strebt. Die Suche nach der verlorenen Einheit treibt ihn schließlich ungefähr in denselben Lebensjahren in den Selbstmord, in denen Gotthelf zu schreiben beginnt.

Um das Stilbild dieser beiden gegensätzlichen Naturen zu vertiefen, seien einige weitere Sätze einander gegenübergestellt. Die Beispiele Gotthelfs sind aus der «Schwarzen Spinne», diejenigen Kleists aus «Michael Kohlhaas».

Gotthelf: *Neben den Käse stellte sie die mächtige Züpfe, das eigentümliche Berner Backwerk, geflochten wie die Zöpfe der Weiber, schön braun und gelb, aus dem feinsten Mehl, Eiern und Butter gebacken, groß wie ein Jähriges und fast ebenso schwer; und oben und unten pflanzte sie noch zwei Teller.*

Hier ist ganz besonders auffällig der hexametrische Rhythmus, namentlich in der zweiten Hälfte, die man in reine Hexameter aufgliedern kann.

Kleist: *Sobald er bei seiner Ankunft in Kohlhaasenbruck Lisbeth, sein treues Weib, umarmt und seine Kinder, die um seine Knie frohlockten, geküßt hatte, fragte er gleich nach Herse, dem Großknecht, und ob man nichts von ihm gehört habe.*

Ein drängender Handlungsablauf wird immer wieder gehemmt durch ergänzende Einschübe, auf denen aber der Blick nicht wie bei Gotthelf behaglich ruht, sondern die nur wie flüchtige Blitzlichter aufleuchten.

Gotthelf: *Sie wischten sich den Schweiß von den Stirnen, sahen mit betrübtem Herzen sich um in ihrem Besitztum, sahen seufzend, wie weit der unselige Bau sie zurückgebracht.*

Hier fällt vor allem die Rhythmisierung durch Abweichung von der üblichen Prosawortfolge auf, ferner die willenshafte Wortwiederholung *sahen.*

Kleist: *Der Knecht, auf dessen blassem Gesicht sich bei diesen Worten eine Röte fleckig zeigte, schwieg eine Weile; und: «Da habt Ihr recht, Herr!» antwortete er, «denn einen Schwefelfaden, den ich durch Gottes Fügung bei mir trug, um das Raubnest, aus dem ich verjagt worden war, in Brand zu stecken, warf ich, als ich ein Kind darin jammern hörte, in das Elbwasser und dachte: Mag es Gottes Blitz einäschern, ich wills nicht!»*

Die direkte Rede wächst ganz aus der Satzdramatik heraus.

Gotthelf: *Da lachte hellauf der Grüne, daß die Fische im Bache sich bargen, die Vögel das Dickicht suchten, und grausig schwankte die Feder am Hute, und auf und nieder ging das Bärtchen. «Besinnt euch oder suchet bei euren Weibern Rat, in der dritten Nacht findet ihr hier mich wieder!» so rief er den Fliehenden mit scharf tönender Stimme nach, daß die Worte in ihren Ohren hängen blieben, wie Pfeile mit Widerhaken hängen bleiben im Fleisch.*

Auch hier eine dramatische Situation mit direkter Rede, aber das Dramatische ist eingebettet in den breiten Sprachrhythmus des Erzählers, das Bild ragt über die Handlung, nicht umgekehrt wie bei Kleist.

Kleist: *Luther, der unter Schriften und Büchern an seinem Pulte saß und den fremden, besonderen Mann die Tür öffnen und hinter sich verriegeln sah, fragte ihn, wer er sei und was er wolle, und der Mann, der seinen Hut ehrerbietig in der Hand hielt, hatte nicht, sobald, mit dem schüchternen Vorgefühl des Schreckens, den er verursachen würde, erwidert, daß er Michael Kohlhaas, der Roßhändler, sei, als Luther schon: «Weiche fern hinweg!» ausrief und, indem er vom Pult erstehend nach einer Klingel eilte, hinzusetzte: «Dein Odem ist Pest und deine Nähe Verderben!»*

Was sich bei Gotthelf in einzelne in sich geschlossene Aussagen ergießt, faßt Kleist in eine komplizierte Satzkonstruktion, in die er direkte und indirekte Reden gleicherweise einbezieht. Der Leser kann auf keinem Bild mit Ruhe verweilen, weil ihn die Satzspannung weitertreibt.

Weder Gotthelf noch Kleist waren fähig, lyrische Gedichte im Sinne von Offenbarungen des empfindenden Ich zu verfassen. An einem kurzen Text Josef von Eichendorffs – dem Anfang der Erzählung «Aus dem Leben eines Taugenichts» – wollen wir die Prosa eines ausgesprochenen Lyrikers betrachten.

Das Rad an meines Vaters Mühle brauste und rauschte schon wieder recht lustig, der Schnee tröpfelte emsig vom Dache, die Sperlinge zwitscherten und tummelten sich dazwischen; ich saß auf der Türschwelle und wischte mir den Schlaf aus den Augen; mir war so recht wohl in dem warmen Sonnenscheine.

Wir lesen es wiederum laut, um die klanglichen und rhythmischen Eigenheiten wahrzunehmen. Wenn wir vorher die Sprache Gotthelfs mit einem mächtigen Strom, diejenige Kleists mit einem reißenden Bergbach verglichen haben, so kommen wir jetzt an ein munteres Bächlein, das sich durch einen Wiesengrund schlängelt. Rhythmus und Laute entfalten ein sprudelndes Leben, aber ganz ohne Extreme. Es klingt wie ein Frühlingslied, ganz musikalisch, melodisch. Wir hören die zahlreichen Lautbezüge, Assonanzen und verschlungenen Konsonantenwiederholungen, zum Beispiel: *brauste ... rauschte ... zwitscherten und tummelten sich dazwischen ... war ... wohl ... warmen Sonnenscheine (a–o ... a–o).*

Der Charakter dieses Textes kommt dann am besten zur Geltung, wenn wir nicht stark akzentuieren, sondern vielmehr in Tempo und Melodie variieren. Die einzelnen rhythmischen Bogen sind wie das Ganze ausgeglichen:

Das Rad an meines Vaters Mühle brauste und rauschte schon wieder recht lustig. Der erste Bogen führt von dem gewichtigen Rad über das leicht bewegliche *an meines Vaters* zur Hebung *Mühle,* welche die Satzspannung eröffnet. Die beiden dynamischen Verben *brauste und rauschte* lösen die Spannung schon weitgehend, der Satz hüpft danach mit leichter Bewegung durch das dritte Element dem letzten Akzent lustig zu. Das Rauschen des Mühlrads wird sprachlich hörbar.

Der zweite Bogen *der Schnee tröpfelte emsig vom Dache* hat einen stark fallenden Charakter. Nach dem gedehnten gewichtigen Ruhepol *(der Schnee)* tanzt der Rhythmus in einer fallenden Melodie bis zum Schluß, der auch wieder ein Gewicht, aber ein viel geringeres als der Anfang hat *(Dache).* Lösen wir das ganze in Silbeneinheiten auf und bestimmen diese nach ihrem Betonungsverhältnis, so kommen wir zu unserem Erstaunen wie bei Gotthelf zu einem Hexameterschluß: *Tröpfelte emsig vom Dache*: X x x X x x X x. Aber das ist nur vordergründig, denn wenn wir wirklich so lesen würden wie bei Gotthelf, zerstörten wir den ganzen Zauber: Melodie und Tempo überspielen dauernd jedes epische Gleichmaß, das uns an den homerischen Hexameter erinnern könnte.

Auch der nächste Bogen geht von einem festen Ruhepol aus *(die Sperlinge)* und entfaltet ein temporeiches, aber ganz melodisches, von keiner starken Satzspannung gedrängtes Spiel: *Die Sperlinge zwitscherten und tummelten sich dazwischen.*

Im folgenden beruhigt sich der Sprachfluß merklich: *Ich saß auf der Türschwelle und wischte mir den Schlaf aus den Augen; mir war so recht wohl in dem warmen Sonnenscheine.* Die betonten und gedehnten Silben folgen sich viel häufiger als vorher, besonders die langen Vokale *a (saß, Schlaf, war)* und *o* in *wohl.*

Wenn wir hintereinander die Wörter aufschreiben, die den ganzen Text rhythmisch stützen, so können wir im Ganzen bemerken, wie von einem ruhigen Ausgangspunkt (Rad) allmählich ein fröhliches Leben erwacht, das sich gegen Schluß wieder stark beruhigt: *Rad – Mühle – brauste – rauschte – lustig – Schnee – Dache / Sperlinge – zwitscherten – tummelten / dazwischen – saß – Türschwelle / war – wohl – warmen – Sonnenscheine.*

Wie bei Gotthelf sind die Teilsätze einfach gebaut, die einzelnen Aussageeinheiten fügen sich der Reihe nach aneinander und machen in ihrer Gesamtheit das Stimmungsbild des ganzen Satzes aus. Im Gegensatz zu Gotthelf ist jedoch die Sprache rhythmisch und lautlich viel variationsreicher, viel musikalischer, viel nuancierter, dafür weniger mächtig, weniger satt und weniger plastisch. Das Bild entsteht aus der Melodie, aus der Musik des Satzes und läßt eine liebende, sich freuende, empfindende Seele durchklingen. Tatsächlich zeigen die vielen in die Erzählung eingestreuten Gedichte, wie nahe Eichendorff auch in der Prosa der Erlebnislyrik steht.

Wir haben damit drei Formen der Prosa kennengelernt, die drei ganz unterschiedlichen Haltungen der Welt gegenüber entspringen: den mächtigen epischen Erzählstil Gotthelfs, den drängenden dramatischen Kleists und den musikalisch-lyrischen Eichendorffs. Natürlich ist der Stil ganz stark durch das Erzählthema mitgeprägt, wir könnten von jedem der drei Dichter auch ganz andersartige Sätze bringen. Dennoch würde sich auch in diesen etwas vom Wesen des Autors offenbaren wie auch von seiner individuellen Haltung der Welt gegenüber, als Betrachter, in der Auseinandersetzung oder als Empfindender.

Zum Abschluß seien noch einmal drei Proben nebeneinandergestellt. Es handelt sich dabei jeweils um den ersten Satz einer Erzählung, und man möge prüfen, ob sich das an den anderen Beispielen Beobachtete bestätigt.

Wer dabei gewesen wäre, als die Erde die Berge gebar, als die ungeheuren Kinder der Erde Schoß sich entwanden, die, nackt geboren aus glühendem Schoße, erstarrten in der kalten Luft, welche über der Erde lag; wer dabei gewesen wäre, als lauere Lüfte kamen, die kalten Kinder auftauten in warmer Sonne, ihr eisig Gewand zu Wasser ward, die Wasser aus den Bergen brachen, Rinnen rissen, Gründe gruben, Täler schufen, die Schweiz ein ungeheurer Wasserfall ward: dessen Mund wäre verstummt im Schauen der Allmacht, seine Stimme wäre erloschen, seine Seele ein ewig Gebet geworden. (Gotthelf, «Käthi die Großmutter»)

In St. Jago, der Hauptstadt des Königreiches Chili, stand gerade in dem Augenblicke der großen Erderschütterung vom Jahre 1647, bei welchem viele tausend Menschen ihren Untergang fanden, ein junger, auf ein Verbrechen angeklagter Spanier, namens Jeronimo Rugera, an einem Pfeiler des Gefängnisses, in welches man ihn eingesperrt hatte, und wollte sich erhenken. (Kleist, «Das Erdbeben in Chili»)

Es war ein schöner Sommerabend, als Florio, ein junger Edelmann, langsam auf die Tore von Lucca zuritt, sich erfreuend an dem feinen Dufte, der über der wunderschönen Landschaft und den Türmen und Dächern der Stadt vor ihm zitterte, sowie an den bunten Zügen zierlicher Damen und Herren, welche sich zu beiden Seiten der Straße unter den hohen Kastanienalleen fröhlich schwärmend ergingen. (Eichendorff, «Das Marmorbild»)

VII. Begriffene Bewegung – Bewegter Begriff

1. Methodische Grundfragen

Am Bewegungspol, wo Hören und Verstehen eins sind, haben wir den Ausgangspunkt des Sprachlebens gefunden. Sprache ist dort verinnerlichte, lautgewordene Bewegung. Der Entwicklungsgang führt uns sowohl in der individuellen Sprachentwicklung als auch im sprachlichen Ausdruck des elementaren Erkenntnisaktes von der lautbezogenen zu der begriffsbezogenen Sprachform.

Vom Laut zum Wort, vom Wort zum Satz führt der Weg zum sprachlichen Bewältigen dessen, was einen bewegt. Es ist ein Weg von der Identifikation mit der Welt zu einer bewußten Distanz und damit zum Begreifen. Dieser Weg bildet sich auch in der Grammatik ab.

Wir verfolgten die Entstehung des Satzes als einer begriffenen Bewegung und fanden von dort ausgehend in den verschiedenen Phänomenen der Grammatik das Zusammenwirken von Bewegung und Form. Dabei leitete uns das Prinzip, den umgekehrten Weg zu gehen: die gewordene Form auf die Bewegung, auf den Prozeß zurückzuführen.

Dazu diente uns die Methode, zunächst anhand der extremen Pole die Gestaltungselemente herauszuarbeiten, um hernach in einer Reihenbildung die Entwicklung vom einen zum andern Pol zu suchen. Das einzelne Phänomen innerhalb der Reihe wurde jeweils als eine Erscheinungsform des Ganzen auf einer bestimmten Entwicklungsstufe erkannt und im Ausdruckswert nachempfunden durch den Vergleich mit der benachbarten Form.

Das führte dazu, die Sprachformen als Bewußtseinsstufen zu erfassen und damit an die menschliche Entwicklung anzuschließen. Ganz naturgemäß bildet unser eigenes Seelenleben mit seiner Sprach- und Denkkompetenz das wesentliche Forschungsorgan einer solchen Betrachtungsweise. Will man Sprachphänomene bis in die grammatikalischen Formen als Ausdrucksmittel des Menschenwesens betrachten, gibt es keine andere Methode als die der Selbstbeobachtung und Schulung der Sensibilität gegenüber dem Qualitativen der sprachlichen Erscheinungsformen. Wissenschaftsgesinnung und künstlerisches Empfinden dürfen nicht voneinander isoliert werden, sondern müssen sich durchdringen.

2. Goethes Metamorphoseprinzip als Methode

Man kann für diese Methode in Johann Gottfried Herder, Wilhelm von Humboldt und Jacob Grimm die Vorbilder sehen, als allgemeine Erkenntnispraxis findet man eine solche Arbeitsweise bei Goethe – insbesondere in seiner naturwissenschaftlichen Forschung – vorgebildet, und hier ist es besonders die Idee des Gestaltwandels, der Metamorphose.

In seinen «Grundlinien einer Erkenntnistheorie der Goetheschen Weltanschauung» hat Rudolf Steiner, der Goetheforscher und Begründer der Anthroposophie, die Goethesche Forschungsmethode beschrieben.[30]

Gewöhnlich fordern wir von einer exakten wissenschaftlichen Erörterung eindeutige Begriffsbestimmungen. Das Prinzip dabei ist, daß jeder Begriff innerhalb einer pyramidalen Begriffshierarchie seinen Platz hat und aufgrund seiner Stellung von den nebengeordneten Begriffen abzusetzen und dem nächsthöheren übergeordneten einzugliedern ist.

So könnte etwa eine Begriffsbestimmung der drei Grundwortarten folgendermaßen aussehen:

Verb: Wortart, die ein Geschehen oder Sein bezeichnet, zeigt durch seine Endungen (Konjugation) Person, Numerus, Tempus, Genus und Modus an und ist Aussagekern, der die Ergänzungen im Satz stiftet und so weiter.

Substantiv: Wortart, die eine Größe, ein Ding, ein Etwas bezeichnet, kann in vier Fällen (Kasus), in der Einzahl oder Mehrzahl erscheinen und hat drei Geschlechter (männlich, weiblich, sächlich), die im Artikel als Begleitwort (der, die, das, ein, eine, ein) mit den Endungen (Deklination) sichtbar werden. Es bildet im Satz den Subjektkern (Thema) und so weiter.

---

[30] Rudolf Steiner, Grundlinien einer Erkenntnistheorie der Goetheschen Weltanschauung, 1886, GA 2, [7]1979; Johann Wolfgang Goethe, Die Metamorphose der Pflanze, Hamburger Ausgabe Bd. 13, 3. Aufl. 1960, S. 64 ff.; Rudolf Steiner, Einleitung zu Goethes naturwissenschaftlichen Schriften, GA 1, [4]1987, «Die Entstehung der Metamorphosenlehre», S. 14 ff.

Adjektiv–Adverb: Wortart; bezeichnet eine Eigenschaft, die ein Substantiv (Adjektiv) oder Verb (Adverb) charakterisiert. Es kann attributiv oder prädikativ auftreten. In seiner Endung richtet es sich nach dem zugehörigen Substantiv; prädikativ und adverbial ist es ohne Endung. Es kann drei Steigerungsformen annehmen: Positiv (nicht gesteigert), Komparativ, Superlativ und so weiter.

Eine derartige Begriffsbestimmung betont die Unterschiede, ordnet ein, systematisiert. Es herrscht das Prinzip des Nebeneinanders, das die Begriffe voneinander trennt. Damit erfassen wir die Welt des Gewordenen, nicht diejenige des sich Entwickelnden, Werdenden. Verfahren wir mit dieser gleich, so müssen wir erst fixieren, erfassen dadurch aber gerade das Wesentliche nicht.

Das Prinzip der Gestaltverwandlung schließt das Nebengeordnete nicht aus, sondern sieht in der einzelnen Erscheinungsform gleichzeitig das Gewordene als Ergebnis eines vergangenen Prozesses und das Werdende als Keim für eine zukünftige Form. Das Entwicklungswesen offenbart sich in entsprechenden Erscheinungsbildern, die auseinander hervorgehen. Das eine wird aus dem andern. Das Wesen oder die Idee wirkt nicht *über* den Dingen, sondern sie gestaltend *in* ihnen.

Betrachten wir die Einzelerscheinung an einer Pflanze, so können wir an der ausgebildeten Pflanze Blatt, Blüte, Frucht und so weiter unterscheiden. Wir betrachten dann die Pflanze als ein Erscheinungsbild innerhalb des räumlichen Nebeneinanders. Verfolgen wir aber die einjährige Pflanze im Jahreslauf, so können wir aus dem Samen die Blätter, aus den Blättern die Blüte, aus der Blüte die Frucht und so weiter hervorgehen sehen und betrachten dann die Pflanze als einen Prozeß in der Zeit.[31]

In Analogie zur Grammatik verhalten wir uns in der systematischen Definition substantivisch, der definierte Begriff entspricht sprachlich dem konturierten Substantiv, das Distanz zum Bezeichneten verlangt; im Goetheanismus verhalte ich mich vergleichsweise verbal, ich integriere die Einzelerscheinungen zum Entwicklungsprozeß. Wer das versucht, merkt, daß er sich mit seinen Erkenntnisorganen viel stärker

---

[31] Siehe Carl Unger, Gedanken zur Philosophie des Widerspruchs in: Carl Unger, Schriften, Bd. 1, 1964, S. 147.

mit dem zu Erkennenden identifizieren muß, viel aktiver dabei sein muß. Voraussetzung bei der Definition ist es natürlich auch hier, daß wir die Ganzheit erfassen, innerhalb derer sich die Entwicklung abspielt. Goethe nannte diese Ganzheit den Typus.

Meines Wissens war Hegel der erste, der diese lebendige Form des Denkens beschrieben hat, wenn er in der Vorrede zur «Phänomenologie des Geistes» von einer einseitigen Anschauung sagt: «Sie begreift die Verschiedenheit philosophischer Systeme nicht so sehr als die fortschreitende Entwicklung der Wahrheit, als sie in der Verschiedenheit nur den Widerspruch sieht. Die Knospe verschwindet in dem Hervorbrechen der Blüte, und man könnte sagen, daß jene von dieser widerlegt wird; ebenso wird durch die Frucht die Blüte für ein falsches Dasein der Pflanze erklärt, und als ihre Wahrheit tritt jene an die Stelle von dieser.» Daraus folgt für ihn, daß auch die Begriffe im Denkprozeß organisch hervorgehen. Es geht darum, «die festen Gedanken in Flüssigkeit zu bringen»[32].

Ich habe oben am Beispiel der Grundwortarten die definitorische Methode illustriert. Im 3. Kapitel versuchte ich, diese durch die goetheanistische zu ergänzen, indem ich darauf hinwies, daß bei den Wortarten Entwicklungsschritte zwischen den Polen von Bewegung und Ruhe zu beobachten sind und daß wir das Verb als ein zukünftiges Substantiv, das heißt als ein Werdendes, das Substantiv als ein vergangenes Verb, ein Gewordenes, verstehen können. Die Wortarten sahen wir als unterschiedliche Bewußtseinsabstände von der vollkommenen Identifikation, dem Es-Bewußtsein, bis zu dem distanzierten Ich-Bewußtsein. Man darf die Vermutung aussprechen, daß sie gleichzeitig die verschiedenen Abstände innerhalb der kulturgeschichtlichen Entwicklung der Sprache sind, die von einer ursprünglichen Offenbarung der Sprache im Sinne des johanneischen Logos bis zur gegenwärtigen Zeichensprache als Mittel des Informationsaustausches führt.

Könnte eine zukünftige Entwicklung des menschlichen Bewußtseins nicht darin bestehen, ausgehend vom Bewußtseinserlebnis des Substantivs die Reihe rückwärts zu gehen, also wiederum zum verba-

[32] Georg Wilhelm Friedrich Hegel, Phänomenologie des Geistes, Vorrede, in: Gesammelte Werke, Bd. 9, Frankfurt/M 1980.

len Verhältnis zu kommen? Das hieße aber in bezug auf das denkende Erkennen von der Systematik zur Organik, von der begriffenen Bewegung zum bewegten Begriff zu gelangen. Die Ruhe und Distanz des Substantivbewußtseins kann zu der Bewegung eines neuen Verbbewußtseins umgewandelt werden, das sich von dem Es-Bewußtsein des Kleinkindes dadurch unterscheidet, daß es individuell erzeugt werden muß.

Darin läge auch die Aufgabe begründet, was im spontanen Ausruf naturgemäß auftritt, die unmittelbare Lautbewegung, das Verstehen im Hören durch eine selbstentwickelte Sensibilisierung gegenüber den sinnlichen Sprachelementen (Laute, Melodie, Rhythmus) neu zu erobern. Das bedeutete, daß wir uns einen neuen Sprachraum erschlössen durch aktive Schulung im Zuhören.[33]

Das ist nichts anderes als der oben beschriebene Goetheanismus, dem diese ganze Untersuchung verpflichtet ist.

Mit einer Art grammatikalischen Meditation soll dieses Buch beschlossen werden. Sie faßt in einem gewissen Sinn das ganze Anliegen noch einmal zusammen. Während wir in der Betrachtung des Satzes als Ausdruck des Stils in das künstlerische Sprachleben geführt wurden, weisen uns die folgenden Sprachformen an die andere Grenze, wo Sprache zu Runen von Denkbewegung wird, wo Sprachkunst sich mit Denkkunst verbindet.

[33] Siehe Heinz Zimmermann, Vom Sprachverlust zur neuen Bilderwelt des Wortes, Dornach 1995, S. 90ff.

3. Rudolf Steiners «Säulenworte» als Beispiel einer Begriffsbewegung

Eine grammatikalische Meditation

Unter Rudolf Steiners sprachlichen Erzeugnissen bilden die «Säulenworte» ein Extrem an Abstraktheit. Sie lauten

DAS ES – AN ES – IN ES – ICH – VOM ICH – AUS MIR – ICH INS ES

und fassen sprachlich das gleiche, was in plastischer Gestaltung mit der Folge der sieben Säulen im großen Kuppelraum des ersten Goetheanum zum Ausdruck kommen sollte. In einem Entwurf dazu aus dem Jahre 1912 schrieb Rudolf Steiner in die entsprechenden Säulenschäfte die oben angeführten Worte ohne weiteren Kommentar. Soviel als Erläuterung des Zusammenhangs.[34]

Wir interessieren uns hier lediglich für die Sprachform. Zunächst fällt auf, daß im wesentlichen mit den beiden Wortarten Pronomen (Es und Ich) und Präposition (an, in, von, aus) gearbeitet wird. Blicken wir etwas genauer hin, dann finden wir auch noch Artikel und Substantiv. (DAS ES, VOM = Von *dem* ICH, ICH INS ES = ICH in *das* Es).

Die erste, fünfte und siebente Form enthalten substantivierte Pronomen mit den entsprechenden Artikeln. In dem Es und Ich erkennen wir die beiden Urpronomen, die noch vor einer substantivierten Bestimmung Weltgeschehen, Weltbewußtsein (Es) und Menschentum, Selbstbewußtsein (Ich) repräsentieren (vergl. S. 25 ff.; 45).

Das Pronomen ist Keim oder Stellvertreter des Substantivs, und ganz entsprechend kann man die Präposition als Träger der Bewegung auffassen, die wie das Verb fallbestimmend ist (vergl. S. 96 ff.). Wir haben also ein Zusammenwirken der Urpolaritäten von Ruhe und Bewegung in siebenfacher Abwandlung.

---

[34] Siehe Rudolf Steiner, Bilder okkulter Siegel und Säulen, GA 284/285, Dornach [3]1993, Tafel XXVIII; Sonderheft Michaeli 1994 der Zeitschrift «Stil», S. 35 ff.

Greifen wir zunächst die Folge von 1/4/7 heraus: DAS ES – ICH – ICH INS ES. Zuerst wird auf ein Umfassendes, Universelles und Überpersönliches gewiesen: DAS ES.

Dann steht einsam in der Mitte das Wort, das nur jeder für sich selbst brauchen kann und das ein Bewußtsein ausdrückt, durch das wir uns von dem Weltgeschehen, dem Es, absetzen, sondern, distanzieren. Hier wird nicht nur auf das Selbst (das Ich) gewiesen, sondern durch die pronominale Form Identifikation ausgesprochen: Ich.

Das einzige dreigliedrige Gebilde am Schluß verbindet nun beide Elemente so, daß das Selbst sich in das ursprüngliche Es wieder eingliedert.

Wir können somit eine Urform der Entwicklung erkennen, die besagt, daß sich aus einem überpersönlich umfassenden Prinzip – wir können es auch göttliches Schöpfertum nennen – ein individuelles Eigenbewußtsein ablöst. Aus den Quellen dieses individuellen Bewußtseins entspringt dann der Impuls, sich dem göttlichen Ursprung wieder einzugliedern. Anders formuliert: Aus einer ungeschiedenen Einheit entwickelt sich durch Absonderung ein Kontrapunkt, der wiederum zu einer neuen Einheit führt, bereichert durch die Entwicklung des Gesonderten.

Wie vollziehen sich nun die Schritte der Sonderung, und wie kommt es schrittweise zur Wiedervereinigung? Dazu wollen wir die gesamte Reihe betrachten:

Was passiert zwischen DAS ES und AN ES? Ganz offensichtlich entsteht eine Zweiheit; denn die Präposition setzt immer zwei Größen in eine Beziehung. Hier wird allerdings nur eine der beiden Größen genannt. Wer sich AN ES wendet, bleibt ungesagt. Durch die Präposition entsteht aber auch eine Bewegung, während DAS ES in sich selber ruht. Es ist eine Bewegung auf etwas zu, eine Bewegung, die an eine Grenze kommt. Es schwingt in dem AN auch mit, daß es sich einem Hohen zuwendet – wir erinnern uns an Ausdrücke wie «Ode an die Freude», «An die ferne Geliebte», «An den unbekannten Gott» und so weiter. Man kann auch sagen, an dem Gegebenen, der vorhandenen Substanz (Es) entzündet sich das Leben – AN ES.

Blicken wir nun auf die dritte Form (IN ES), so finden wir das gleiche Bauprinzip wie vorher – der Unterschied liegt in der Entwicklung von *an* zu *in*. Während *An* die Zuwendung in allgemeiner Form meint und gleichsam an der Grenze des andern verharrt, überschreitet das hinzielende *In* diese Grenze. Man vergleiche *an das Zimmer – in das Zimmer.* Beides ist Richtung, aber *an* bleibt an der Außenseite, *in* geht hinein. Die Entwicklung geht also von außen nach innen und endet schließlich in dem Punkterlebnis des Ich, das schon vom Wort her von innen erlebt werden muß. Gegebene Substanz, Leben, Innerlichkeit und Selbstbewußtsein kann daher die Entwicklungsfolge zusammenfassend genannt werden.

Nun zielt aber die Reihe eindeutig auf das ICH in der Mitte; dieses muß also rückwirkend schon mitgedacht werden in den ersten drei Stufen, ja diese sind dessen Voraussetzung und bilden dessen Hüllen und Daseinsorgane. Man kann auch sagen, es ist die Entwicklung vom sphärischen Umraum zum punktuellen Zentrumsgeschehen. Sphäre, Fläche, Linie, Punkt sind die geometrischen Entsprechungen von DAS ES – AN ES – IN ES – ICH. Von da ist es nur ein kleiner Schritt, zu den vier Grundelementen, die das Menschenwesen konstituieren, zu kommen: Raum, Zeit, Innerlichkeit und Selbständigkeit. Allerdings nicht als ein gleichzeitiges Nebeneinander, sondern als eine Entwicklung in der Zeit.

Nun endet die Reihe aber nicht mit der vierten Stufe, sondern führt zu drei weiteren. Was in den drei ersten Formen das *Es* war, ist in den drei letzten das *Ich*. Vom *Es* geht es zum *Ich*. Vom *Ich* wieder zum *Es*. Damit ändert sich auch die Richtung, was die folgenden Präpositionen zeigen: *an* und *in* stiften eine Wohin-, *von* und *aus* eine Woher-Beziehung, die in der letzten Form in eine neue Wohin-Beziehung mündet: *Von und aus mir ins Es* könnte man den ganzen zweiten Teil zusammenfassen. Die fünfte Stufe (VOM ICH) bezeichnet – ähnlich wie die zweite – bloß die Richtung im allgemeinen. Dem *An* auf der Wohin-Seite entspricht das *Vom* auf der Woher-Seite. Und ganz analog erfolgt von der fünften zur sechsten Stufe eine Intensivierung: *von – aus,* entsprechend *an – in* von der zweiten zur dritten Form. Um hinauszugehen, muß man vorher drinnen gewesen sein, *aus* ist die Umkehrung von *in*. Außerdem verbindet sich *von* mit dem substantivierten Pronomen, dagegen *aus* mit dem echten Pronomen. Dadurch betrifft es mich unmittelbarer. VOM ICH – da wird im allgemeinen das Ich genannt,

Aus Mir kann ich nur auf mich selbst beziehen, es ist verbindlicher, als es *Aus dem Ich* wäre.

Am spannendsten ist natürlich die Mitte. In der Folge In Es – Ich – Vom Ich vollzieht sich der dramatische Umschwung von der Richtung aus der Sphäre ins Zentrum in die Richtung vom Zentrum in die Sphäre, vom Hinein zum Hinaus. Im Ich vollzieht sich dieser Umschwung von der Sonderung zur Wiedervereinigung, in diesem Punkt ist die größte Dynamik der ganzen Reihe.

Um nun von der reinen Sprachform auf die zugrunde liegende Bedeutung zu kommen, können wir beobachten, wie wir tatsächlich im *Ich* diese beiden Seiten erfahren: Selbstbehauptung, Sonderung auf der einen, Öffnung, Hingabe auf der anderen Seite – Individualisierung, Verselbständigung auf der einen, soziales Verhalten, Hingabe an das Höhere auf der anderen Seite; hinein in das Erdenbewußtsein, hinaus in das universelle Bewußtsein. In Abwandlung eines Christuswortes könnte man auch sagen: «Nicht Es, sondern Ich» – Absetzen von der Geborgenheit des Es-Bewußtseins aus der Vergangenheit. «Nicht Ich, sondern das Es in mir» – Hingabe an das Höhere, Göttliche in mir aus dem Ich-Bewußtsein in die Zukunft hinein. Das entspricht der Doppelnatur des Menschen als eines Geschaffenen und Schaffenden. Die menschliche Entwicklung führt vom Empfangenden zum Gebenden.

Genauso wie das *Es* in der ersten Hälfte Ursprung der Entwicklung ist, so ist es in der zweiten Entwicklungsziel, und genauso wie das *Ich* in der ersten Hälfte Entwicklungsziel ist, so ist es in der zweiten Entwicklungsursprung. Das *Es* wird ganz *Ich*, das *Ich* wird wiederum *Es*.

Wir können eine solche idealtypische Entwicklung menschheitlich wie auch individuell verstehen. Menschheitlich bedeutet es in der ersten Hälfte die stufenweise Menschwerdung bis zum Selbstbewußtsein; in der zweiten Hälfte die stufenweise Umwandlung zur Vereinigung mit dem Höheren, Göttlichen, aus dem freien Ich. Auf der individuellen Ebene können wir in der ersten Hälfte die Entwicklung des Menschen bis zu seiner Mündigkeit erkennen, mit den Phasen des Kleinkindes, des Schulkindes und des Jugendlichen; in der zweiten, was der Erwachsene aus seinen Anlagen und Begabungen selbständig macht, wie er das Vorgefundene aus Eigenverantwortung für die Welt fruchtbar macht. In beiden Fällen ist die Frage offen, ob es wirklich geschieht. Es ist Möglichkeit, Veranlagung, nicht Notwendigkeit, weil es vom Ich als dem Umstülpungsort getan werden will.

Von der Komposition her kann man das Ganze als eine Spiegelungsfigur sehen, allerdings nicht im Sinne einer naturalistischen Abbildung. Die zweite Hälfte – so sahen wir – zielt zu dem, woraus die erste Hälfte den Ursprung nimmt. Somit kann man die Reihe auch so sehen, daß von der Mitte, aus dem Ich heraus, rückwärts die ersten Stufen durchschritten werden. So wäre die fünfte die verwandelte dritte Stufe, die sechste die verwandelte zweite und die siebente die durch das Ich verwandelte erste Stufe. In jedem Teil wirkt das Ganze, die einzelnen Worte sind nicht nebengeordnet im Sinne des ausschließenden Prinzips, sondern sind Stadien, die auseinander hervorgehen aus einem alles durchdringenden Entwicklungswesen. Insofern entspricht es dem oben beschriebenen goetheanistischen Prinzip.

Ein solches Gebilde befindet sich an einer Grenze, wo sich Sprache von einem speziellen sinnlichen Inhalt gelöst hat und in ihrem kategorialen Charakter eine Denkbewegung herausfordert: den bewegten Begriff. Gelingt es einem, in diese Bewegung hineinzukommen, bewegt man sich in einem übersinnlichen Gedankenorganismus: VOM ICH INS ES heißt dann, durch Meditation vom Sinnesbewußtsein zum Geist-Erfahren zu kommen.

Literaturverzeichnis (Auswahl)

Hermann Ammann, Die menschliche Rede, Darmstadt [2]1962.

Hans Arens, Sprachwissenschaft, Freiburg/München [2]1969.

Owen Barfield, Evolution – Der Weg des Bewußtseins, Aachen 1991.

Hennig Brinkmann, Die deutsche Sprache, Düsseldorf 1962.

Martin Buber, Ich und Du, Heidelberg [11]1983.

Noam Chomski, Sprache und Geist, Frankfurt/M. 1970.

Alain Denjean, Zum fremdsprachlichen Grammatikunterricht der Waldorfschulen, Stuttgart 1995.

Duden, Bd. 4, Grammatik, Mannheim 1984.

Erika Dühnfort, Der Sprachbau als Kunstwerk: Grammatik im Rahmen der Waldorfpädagogik, Stuttgart [3]1997.

Erika Dühnfort, Von der Ausdruckskraft grammatischer Formen, Stuttgart 1994.

Peter Eisenberg, Grundriß der deutschen Grammatik, Stuttgart 1989.

Erika Essen, Methodik des Deutschunterrichts, Heidelberg [10]1980.

Hans Glinz, Der deutsche Satz, Wortarten und Satzglieder, Düsseldorf [4]1970.

Hans Glinz, Deutsche Grammatik, Frankfurt/M. [2]1971.

Jacob Grimm, Über den Ursprung der Sprache, Wiesbaden 1985.

Georg Wilhelm Friedrich Hegel, Phänomenologie des Geistes, Gesammelte Werke, Bd. 9, Frankfurt 1980.

Friedrich Hiebel, Alpha und Omega, Dornach 1963.

Wilhelm von Humboldt, Werke in 5 Bd., Bd. 3: Schriften zur Sprachphilosophie, Darmstadt 1973.

Johannes Kiersch, Fremdsprachen in der Waldorfschule, Stuttgart 1992.

Shoko Kishitani, «Got» und «Geschehen». Die Vermeidung des menschlichen Subjektes in der ritterlichen Sprache, Düsseldorf 1965.

Hugo Moser (Hrsg.), Das Ringen um eine neue deutsche Grammatik, Darmstadt 1962.

Max Picard, Der Mensch und das Wort, Erlenbach-Zürich 1955.

Heinz Rupp, Zum deutschen Verbalsystem, in: Sprache und Gegenwart 1, Mannheim 1967, S. 148–164.

Heinz Rupp, Wortfeld und Wortinhalt, in: Festschrift Maurer, Düsseldorf 1968.

Manfred Sandmann, Substantiv, Adjektiv–Adverb, Verb als sprachliche Formen, in: Indogermanische Forschungen 57, 1940, S. 81–112.
Wilhelm Schneider, Stilistische deutsche Grammatik, Freiburg ^{4}1967.
Wilhelm Schneider, Ausdruckswerte der deutschen Sprache, Stuttgart ^{3}1974.
Bruno Snell, Der Aufbau der Sprache, Hamburg 1952.
Rudolf Steiner, Grundlinien einer Erkenntnistheorie der Goetheschen Weltanschauung, GA (Gesamtausgabe) 2, Dornach ^{7}1979.
Rudolf Steiner, Die Philosophie der Freiheit, GA 4, Dornach ^{16}1995.
Rudolf Steiner, Theosophie, GA 9, Dornach ^{31}1987.
Leo Weisgerber, Vom Weltbild der deutschen Sprache, 1. Halbband: Die inhaltsbezogene Grammatik, Düsseldorf 1953.
Leo Weisgerber, Der Mensch im Akkusativ, in: Wirkendes Wort 8, 1953, S. 193–205.
Leo Weisgerber, Verschiebungen in der sprachlichen Einschätzung von Menschen und Sachen, Düsseldorf 1958.
Walter Weiss, Dichtung und Grammatik, in: Sprache der Gegenwart 1, Mannheim 1967, S. 263–258.
Lew Semjonowitsch Wygotski, Denken und Sprechen, Frankfurt/M. ^{5}1974.
Heinz Zimmermann, Zu einer Typologie des spontanen Gesprächs, Bern 1965.
Heinz Zimmermann, Vom Ausruf zum Begriff, in: Standard und Dialekt, Festschrift Heinz Rupp, Bern 1979, S. 105–115.
Heinz Zimmermann, Zur Erneuerung des Grammatikunterrichts, in: Erziehungskunst 44, 1980, S. 663–670.
Heinz Zimmermann, Vom Sprachverlust zur neuen Bilderwelt des Wortes, Dornach 1995.